吴甘霖作为主要嘉宾在中国培训论坛进行讲座

吴甘霖为长虹名家讲坛做 1500 人大型讲座《执行重在到位》

数千管理者参加吴甘霖执行力培训

吴甘霖为中国石油新疆油田公司做执行力培训后与公司领导合影

吴甘霖为广州王老吉药业股份有限公司管理者做培训

吴甘霖为奥康集团做管理者年度培训后与集团董事长王振滔合影

吴甘霖为中国航天科技集团讲授《做最好的执行者》课程

吴甘霖为北京现代汽车集团做执行力培训后与公司领导合影

做最好的
执行者

（升级版）

吴甘霖　邓小兰

著

中国出版集团　东方出版中心

图书在版编目（ＣＩＰ）数据

做最好的执行者：升级版 / 吴甘霖，邓小兰著. 一
上海：东方出版中心，2019.4
　ISBN 978-7-5473-1444-9

　Ⅰ.①做… Ⅱ.①吴…②邓… Ⅲ.①企业领导学
Ⅳ.① F272.91

中国版本图书馆 CIP 数据核字（2019）第 049336 号

策　　划：俞根勇
　　　　　蔺亚丁
责任编辑：徐建梅
封面设计：红杉林

做最好的执行者

出　　版：东方出版中心
地　　址：上海市仙霞路 345 号
发　　行：东方出版中心
　　　　　北京时代华语国际传媒股份有限公司　010-83670231
电　　话：（021）62417400
邮政编码：200336
经　　销：全国新华书店
印　　刷：北京富达印务有限公司
开　　本：690×980 毫米　1/16
字　　数：250 千字
印　　张：18
版　　次：2019 年 4 月第 1 版　2019 年 4 月第 1 次印制
ISBN 978-7-5473-1444-9
定　　价：55.00 元

《中层管理者核心能力建设丛书》总序

把中层打造为单位的真正栋梁

吴甘霖　　邓小兰

我们为什么要写作和出版这样一套丛书呢？这套丛书为什么格外值得你重视？主要是因为：提高中层管理者的核心能力，对于中国企事业单位不仅具有十分重要的必要性，而且还有着巨大的紧迫性。

第一，单位团队建设，重中之重是中层。

团队建设，决定每个单位的战斗力。中层管理者在单位起着承上启下的作用。只有中层管理打造好了，整个单位的团队建设才做得好。所以，任何有眼光、发展快的单位，都把中层队伍的建设作为团队建设的重中之重来对待。

第二，聪明领导带队伍，首先必须抓中层。

所谓"兵熊熊一个，将熊熊一窝"。带队伍时，聪明的领导往往会按照组织行为学的原理，重点把中层抓好。因为他们明白："兵易募而将难求"，所以，"必先求将而后选兵，必先练将而后练兵"，"培养好了 1 个中层干部，胜过直接去提升 10 个甚至 100 个基层员工"。

第三，实现自我超越，最需突破的是中层。

中层如此重要，但遗憾的是，不少中层干部难以满足单位与领导的要求。在高级董事长和总裁培训班上，不少单位的一把手说自己最苦恼的事情之一，就是"独上高楼蓦然回首，中层干部都落伍"。这种单位需求与中层能力素养之间的脱节，往往成了制约单位发展的瓶颈。只有突破这一瓶颈，单位的绩效和组织文化建设才能有大的提升。

第四，中层本身有不少苦恼，也有自我提升的强烈愿望。

中层不像高层有较多的外出充电机会，同时事务繁多，而且还需要考虑如何处理好上级、同级、下级各方面的关系，经常会有"夹心饼"的感觉，感到力不从心。这时候，他们的心里是苦恼的，对如何进一步提升管理能力也有着极为迫切的渴望。

综上所述，中层管理的核心能力建设，与单位的发展和团队的战斗力提升密切相关，符合中层管理者渴求全面提升自己的要求，也格外受到单位领导的重视。因此，出版一套全方位提高中层管理者核心能力的丛书，实在太有必要。正是为了满足这样的需求，我们推出了这一套《中层管理者核心能力建设丛书》。

我们认为，既然是管理学的作品，就应该让广大中层管理者接受并喜欢，就必须既"好读"又"管用"。于是，在写作方式上，我们注意体现如下特点：

第一，观点鲜明而且有新意，尽量避免套话、空话。

如"要做好干部，先当负责人""执行力＝自觉力×（思考力＋落实力）""要当'有用之才'，更当'好用之才'""100−1＝0"等许多观点，都是我们这套丛书首次提出的。

第二，案例鲜活而生动。

我们曾进行多年的MBA教学，并为不少党政机关及知名集团授课，深感案例教学不仅能深深吸引大家，而且能触发人的思考。因此在写作本丛书的过程中，我们格外重视采用大量鲜活而生动的案例。这些案例都与广大中层管理者关心的问题挂钩，大家可从中学习到大量实用的经验和教训，少走弯路。

第三，针对性强，方法实在管用。

本丛书立足于解决问题，强调操作性，内容非常接地气。如《做最好的中层（升级版）》中，针对让中层管理者经常苦恼的"如何与上级沟通"，就提出了"读懂上级的'三心'期望""向上级提意见时，请带上你的解决方案""有效修复与上级关系的裂痕"等多种方法，等等。再如《做最好的干部（升级版）》中"炼能力：提高素养，肯做事还得会做事"一章，围绕习近平提出的干部应该具备的统筹兼顾、开拓创新、知人善任、应对风险、维护稳定以及同媒体打交道等六大能力，提出了许多有效方法。再如《做最好的执行者(升级版)》的第二单元"抓而不紧，等于不抓"，讲的是"最好的执行者怎样把工作抓实"，就从"接受任务不走样""四招消灭'想当然'""强化结果思维，确保执行到位"等多方面提供有效的方法，真正做到执行到位、落实到位。

这套丛书，既互为补充，又相对独立。三本书的不同侧重点如下：

《做最好的中层（升级版）》——这是一本全面认知中层管理者角色，让其从境界到能力都得到提升的著作。紧紧围绕中层管理者要处理的各种关系（与上级、下级、同级）及方方面面要解决的问题，全面提升相关素养。

《做最好的执行者（升级版）》——中层主要就是执行层，所谓执行，就是"如何完成任务的学问"。广大中层管理者通过本书的学习，不仅能更好地按时、按质、按量完成任务，而且有时还能达到"期望二，做到十"的效果。当然，执行者不仅包括中层，也包括基层。本书中的内容同样适合基层执行者学习。

　　《做最好的干部（升级版）》——这是迄今为止对中国干部进行职业化建设培训内容最全面的一本著作，适合各行业干部学习，更为偏向党政系统的干部培训，尤其对落实党的十九大精神和习近平关于干部建设精神，造就忠诚干净和有担当的高素质专业化干部队伍有具体的借鉴作用。

　　应该说明的是，这三本书都是原来出版过且产生强烈反响的著作。如《做最好的中层（升级版）》，有相当一段时期名列中层管理者培训读物榜首。三本书有关的课程，也曾在各地不少党政机关及知名集团讲授。随着中层干部建设越来越受到各单位重视，对中层管理者提出更高要求，呼吁我们重新出版这三本书的呼声也越来越强烈。

　　是的，这套丛书是不断响应上述呼声而再版的。但需要说明的是，我们并非将这三本书简单放到一起，而是根据中层管理当下面临的问题与需求，对原书进行了大幅度改写和提升，不仅删减不少过时的内容，增加许多新观点、新方法和案例，而且每一本都各有侧重，互为补充。读者可以根据自己的需求，既可全部阅读，也可有选择地阅读，既能全面掌握中层管理者的各种核心素养，又能补足短项，更快地突破与提升。

　　我们真诚地希望，这是一套既能让广大中层管理者喜欢又对他们有实际帮助的丛书。

　　毛泽东曾明确提出："政治路线确定之后，干部就是决定的因素。"中层管理者对各行各业事业的发展至关重要。我们真诚地期望，各个单位都能进一步重视中层管理者的核心能力建设，使中层成为单位的真正栋梁。

2019 年 3 月写于北京

目 录

第一单元　做好了，才叫"做了"
（最好的执行者如何确定最佳工作标准）

||||||||

第一章　执行是能力，更是精神

一、不找借口找方法的精神　·　002

二、"咬紧目标不松口"的精神　·　006

三、"要做就要做到最好"的精神　·　011

第二章　执行不是被动应付，而是主动负责

一、执行力 = 自觉力 × （思考力 + 落实力）　·　017

二、不要别人推，自己就做好　·　021

三、让执行力与主动开拓精神紧密结合　·　026

第三章　"期望二，做到十"

一、要想成为领导格外重视的人，就要给超出他期望的结果　·　032

二、不仅能完成任务，还能弥补上级的不足　·　036

三、你能给人惊喜，命运会还你惊喜　·　040

第四章　用手做只能保证"做了"，用心做才能保证"做好"

一、多一份关心，多一份责任　·　046

二、多一份热心，多一份机会　·　049

三、多一份细心，多一份出色　·　054

第二单元　抓而不紧，等于不抓
（最好的执行者怎样做事）

||||||||||

第一章　接受任务不走样

一、越能体会上级意图，执行越不走样　·　060

二、要做好事情，先管好表情　·　066

三、以复述和确认保证不走样　·　069

第二章　执行任务不打折

一、马上能执行，决不拖延　·　073

二、目标不达成，决不放弃　·　078

三、执行不圆满，决不满足　·　081

第三章 四招消灭"想当然"

////////////////////////

一、别自以为是，改变领导意见一定要请示 · 086

二、"表面印象"常误人，加强核实问题少 · 090

三、要想原来的"计划"，更要想可能的"变化" · 093

四、别被盲目乐观所误导 · 096

第四章 能表硬态，更能打硬仗

////////////////////////

一、"把 5% 的希望变成 100% 的现实" · 102

二、越挫越勇，越挫越强 · 105

三、从"尽力而为"到"全力以赴" · 111

第五章 强化结果思维，确保执行到位

////////////////////////

一、警惕"100-1=0" · 116

二、让结果思维贯穿执行的始终 · 119

三、将"无缝对接"落实到每个环节 · 125

第六章 执行要用手，更要用脑

////////////////////////

一、从"埋头苦干"到"抬头巧干" · 130

二、出彩，但不出事 · 134

三、"三管好"才有"三解放" · 137

第七章　彻底告别"差不多先生"

一、永远不当"差不多先生"　·　144

二、改"差不多"为"零缺陷"　·　148

三、将细节做到完美　·　152

第三单元　要懂得做事，还要学会做人
（最好的执行者如何处理好关系）

第一章　要当"有用之才"，更要当"好用之才"

一、"一说就动"——叫得动　·　160

二、"一点就透"——悟性高　·　164

三、"一做就好"——做得好　·　167

第二章　"处己何妨真面目，待人总要大肚皮"

一、有容乃易　·　172

二、最容易发脾气，就最需要控制脾气　·　175

三、忍辱才能负重　·　179

第三章　执行者的“四可四不可”

//////////////////////////////////////

一、本事可以大，架子不可大　·　186

二、贡献可以多，牢骚不可多　·　190

三、成绩可以增，骄傲不可增　·　193

四、工作要到位，角色不越位　·　196

第四章　要想凡事行得通，常修“外圆内方”功

//////////////////////////////////////

一、多一点光芒，少一点锋芒　·　201

二、越能读懂人性，越能创造成功　·　208

三、以“双赢”方式处理两难问题　·　212

第四单元　会工作，还要会说话
（最好的执行者如何提高表达与沟通能力）

第一章　说到一定做到，做不到一定不说

//////////////////////////////////////

一、轻诺寡信和含含糊糊，害己又害人　·　218

二、以“说到做到”铸就金字招牌　·　223

三、即使可以做到，有时也可留有余地　·　226

第二章　换种说话方式，执行柳暗花明

　　一、改"嗯、啊……"为积极互动　·　230

　　二、改"知道了"为"好的，谢谢！"　·　233

　　三、改"我认为"为"你怎么想？"　·　237

第三章　学会"三思而后言"

　　一、说，还是不说　·　242

　　二、先说什么，后说什么　·　245

　　三、说话的分寸是什么　·　248

　　四、直接说，还是"曲线"说　·　252

第四章　学习周总理的说话智慧

　　一、讲最合"时宜"又最有影响力的话　·　256

　　二、讲最能为人接受的话　·　258

　　三、讲最圆通的话　·　262

　　四、讲最机智的话　·　263

第一单元　做好了，才叫"做了"
（最好的执行者如何确定最佳工作标准）

任何工作，只有首先确定最好的标准，才能产生最好的成效。

执行是完成任务的学问。按一般人的标准，所谓完成任务，就是"做了"，但是，"做了"不见得会"做成"，"做成"并不见得是"做好"。

因此，最好的执行者的工作标准，就应该这样确立：

"做好了，才叫'做了'！"

这样的标准，体现的是最佳的执行精神与执行态度。在这样的基础上去抓执行，就必然产生最好的成效。

在本单元，我们从四个方面去讲执行者的最佳工作标准。

第一章 执行是能力，更是精神

第二章 执行不是被动应付，而是主动负责

第三章 "期望二，做到十"

第四章 用手做只能保证"做了"，用心做才能保证"做好"

第一章　执行是能力，更是精神

在任何单位中，发展最快、成就最高的人，往往是执行做得最出色的人。

一说到执行，人们首先想到的，就是做事的能力。能力对执行当然至关重要，但是比能力更重要的是精神。

有能力的人未必就能将执行做好；而有精神的人，却可以弥补能力的不足，将执行的水平发挥到极致，并创造最佳的执行效果。

一、不找借口找方法的精神

二、"咬紧目标不松口"的精神

三、"要做就要做到最好"的精神

一、不找借口找方法的精神

所有的执行都是完成任务，要完成任务就必须解决问题。

遇到问题，有两种态度：一是找借口，为自己无法执行或执行得不好找借口。二是找方法，不断发挥主观能动性，千方百计地想办法把问题解决掉，将执行做到位。

所以，最好的执行者都有一种最可贵的精神：

"只为成功找方法，不为失败找借口。"

（一）成功者找方法，失败者找借口

且从我在培训课堂上听到的两个鲜活的故事说起吧：

北京住总集团有限责任公司是北京著名的企业集团之一。我曾应邀多次为该公司进行有关"执行重在到位"和"方法总比问题多"等培训，当我有一次分享"成功者找方法、失败者找借口"的观点时，一位分公司的经理，讲述了发生在该公司的一个"不应该发生"的失败故事。

有一次，这家分公司已经与一家合作单位签了合同，只差最后一道手续。

两家谈好，第二天早上分公司派司机在9点前赶到工地，补齐最后的那道手续，拿回对方的合同。

可没有想到，这位司机工作却打了折扣，没能及时赶到。

偏偏那家合作单位非常强调信用，挑选合作伙伴的时候也非常严格，司机迟迟不到的行为让他们觉得这家分公司对合作并不重视，而且连取合同这么重要的事都会迟到，那在其他事情上也会做不好。

一份看来完全可以签好的合同，竟然在最后关头被作废了！

领导非常震惊与生气，后来一了解，问题的确出在司机身上。

而面对这样的失误，司机固然觉得有点对不住公司，但也能找出一堆"客观"的理由。

原来，司机前一天加班到很晚，回家的路上发现油不够了，本来他应该马上去加油，可一方面他实在很累，另一方面也想，反正加油站离家很近，明天一早去加也来得及。

第二天早上，司机把车开到距离最近的加油站，结果让他想不到的事情出现了：加油站出现故障，暂停营业！

这一下司机有点慌了，但想到稍远一点的地方还有一个加油站，应该还来得及，于是马上开车往那家加油站赶去。当时已过7点，上班的高峰期已经开始，北京的交通堵塞是众所周知的，那天早上也不例外。

车子在拥挤的车流中简直是寸步难行，司机心想：

"这次肯定会迟到了。不过没关系，反正合同都已经签完了，等到了以后我再好好解释一下就行了，对方一定会理解的。"

但是，他没有想到的是，等他终于加满油，驱车赶到对方的工地，他还没来得及解释，就被对方告知已经解除了这次合作关系。

这真是悔之晚矣。

本来以为十拿九稳的事，居然在最后关头功亏一篑，这的确让人感到震惊。

对此，也有一些人认为对方太苛刻了：怎么能因为这一件小事，就将已经基本谈好的合同作废了呢？

对此，大家纷纷进行讨论，总结出如下教训：

第一，不管有多少理由，失败了就是失败了，不能责怪对方，也不能有任何其他的借口。

第二，执行力就是竞争力，缺乏执行力的单位与个人，在很多时候都可能被淘汰。

第三，执行不是简单的"走过场"，而是重在"到位"。哪怕差一点功夫，就可能功亏一篑。

第四，执行要到位，责任先到位。也就是说，执行者只有把责任放到首要位置，确保完成任务，才会避免这样那样的问题发生。

就上述这个案例而言，如果这个司机能多一份责任心，"命令"自己按时赶到，顺利把合同签下来。那么，他就会早做准备，把加油站万一出现故障、早高峰时有可能堵车等因素考虑进去，为了避免中途出现任何差错，无论多么累，也要先把油加够再回去休息。

一句话，找借口只能导致失误或是失败，只有每个执行者都不找借口，为达成目标而想尽办法，执行才能到位，才容易完成任务。

（二）"只要思想不滑坡，方法总比问题多"

这是我所著《方法总比问题多》的核心理念。

遇到问题，不少人很容易知难而退，因为他们觉得自己一筹莫展，找不到有效的方法。

但是，优秀的成功者却不这样想。因为"思想不滑坡"，他们总是想尽办法去解决执行过程中遇到的各种问题。

令人欣喜的是，只要他们真正用心寻找，有关的方法真能找到，原来那些看起来难以克服的困难，很快也会被克服。

上述这个案例，我后来也在该集团其他一些分公司的培训课上分享过。

因为事情就发生在身边，给大家的警示非常大，所以不少单位都把这个案例进一步分享，以激发大家培养更负责的执行意识。

果然，不久之后该集团另外一家分公司就遇到了同样的情况，但是因为有关人员强化了负责意识，事情的结果截然不同。

当时正是冬天，正赶上北京下大雪，路上结了冰，车没法开。于是工作人员就给合作单位的负责人打电话，说明了情况，表示当天没有办法赶到，想等第二天路面情况改善了再去。

对方半开玩笑地说：

"那好吧，老天的事，的确没办法。"

负责这个项目的主管恰好听过我的课，他一下子想起我讲的那个案例，顿时觉得心里不踏实，担心事情会重演。

于是他主动向领导提出，还是应该去，开车不方便，那就坐地铁去。后来领导同意了，这位主管便步行赶去地铁站，出地铁后又步行了一段路，几经辗转终于到了合作单位。

一直在等消息的领导很快接到了他的汇报电话：

"幸好我来了，咱们那边下大雪，可是这边竟然只下了场小雪！他们还以为咱们不重视这次合作，已经准备选择另外一家公司了。"

因为这位主管当面解释了情况，而且没有耽误办理最后一道手续，所以他顺利拿回了合同。

同样的情况，一个丢了业务，一个抓住了业务，这种对比实在太鲜明了。

都是在做工作，这两个人最大的区别就是：一个想的是，反正十拿九稳的事，能有什么问题？另一个想的却是，合同没有落实之前，任何情况都有可能发生，都不能掉以轻心。所以要抓落实，就要一下抓到底。

在总结这次成功的经验时，这位主管这样说：

"成功者找方法，失败者找借口。真是一点不假啊！"

二、"咬紧目标不松口"的精神

很多时候，你在完成任务时打了折扣，不是因为你没理解任务的内容，而是因为你缺乏对待目标的严肃性。

"这个任务太难了，还是算了吧。"

"能做到这一步已经不错了，就算是结果有点不如意也情有可原。"

如果自己在执行时打了折扣、没有达到目标，许多人就会找出上述千万种理由来为自己开脱。

但是最好的执行者，决不会找这样的借口，他们具备"咬紧目标不松口"的精神，可以为了目标不懈奋斗和努力，不达目标誓不休。

（一）执行就是确保把目标变为现实

阿里巴巴集团是国内发展最快、实力最强、知名度最高的企业之一。阿里巴巴能有这样的发展，除了与它战略上的正确、高超等因素有关外，也与该集团格外重视执行力有关。

阿里巴巴的创始人马云就明确提出：

"三流点子加一流执行远比一流点子加三流执行更重要。"

正因为如此重视执行，该集团涌现出了一大批执行力超强的干部，彭蕾就是其中一位。

前不久，有一篇《从月薪 500 元到 6 300 亿帝国掌舵人》的文章刷屏了，讲的就是彭蕾的故事。

彭蕾是 1998 年作为"随军家属"跟随丈夫入伙马云创业团队的。她成为阿里巴巴十八位创始人之一，当时每个月只领 500 元工资。

在阿里，她做了 10 年 HR，一手打造了阿里价值体系，挖掘了阿里 CTO 王坚、副总裁童文红等人才。39 岁时，她出任支付宝 CEO；42 岁时，她出任蚂蚁金服 CEO；现在，蚂蚁金服的估值已经超过 1 000 亿美元。

彭蕾有这么大的发展，与她下决心成为最好的执行者有关。

在许多人的印象中，马云是一个"爱吹大牛"的人，经常放出一些"改变世界"的大计划，但奇怪的是，不少所谓"吹牛皮"的事情，最后都成真了，这其中少不了彭蕾的功劳。因为她给自己的要求是：

"无论马云的决定是什么，我的任务都只有一个——帮助这个决定成为最正确的决定。"

这句话的意思，其实很简单：不管遇到怎样的困难，自己的目标只有一个：让马云的那些雄心壮志的构想一一变为现实。

这个目标，不是说说而已，不是试一试，更不是可有可无，而是必须做到！

阿里创业之初，彭蕾担任阿里的 HR，管钱管人管市场，马云有点什么想法，她就得想方设法去实现。

2010 年阿里巴巴集团开年会，马云对新上线的支付宝非常不满意，让之前只做过人事和财务、对技术一窍不通的彭蕾接管支付宝。

彭蕾二话不说，立刻走马上任，进入了这个自己完全不熟悉的领域。

她带着团队没日没夜地加班，听取用户意见，一步步完善支付宝的网购功能，最后把支付宝做到了日交易量 12 亿元的成就。

在这个过程中，她遇到的困难是惊人的，遇到的问题，很多人觉得是"无法解决"的，但彭蕾又是如何做的呢？

2010 年，彭蕾入主支付宝，同年 6 月，央行第二代支付系统"超级网银"震撼上线，宣告"国家队"杀入支付领域。

许多人断言，支付宝这次完了，人家有国家信用当背书，怎么和他们斗？

彭蕾并没有退缩，而是在不断完善支付宝网购功能的同时，开拓了一个新的项目——公共事业缴费。

这其实就是"脏活累活"，需要把所有城市、所有基础设施的支付系统全部打通：供水、供电、供气、通信、网络……

这其实，是找到了自己的竞争优势：金融机构再强大，也很难放得下身段做这种吃力不讨好的事情。

但彭蕾和她的团队就这样坚持地做了下去，并把这件事做到了极致。每个城市、每个管理部门，一家家谈合作、一个个改系统，与支付宝衔接、测试、运转……

就靠着这番扎实的苦功，支付宝深入人心，把其他金融机构的支付工具都打败了。

2013 年，支付宝正式推出余额宝，投资门槛降到了 1 分钱，迅速横扫金融市场。

老百姓奔走相告，原本属于银行的存款疯狂地涌入余额宝，银行非常窝火，于是联合打压余额宝。

马云非常愤怒，也有些着急。但彭蕾也没有退缩，她通过分析，非常清楚银行家们害怕的是什么。于是，她一方面，力捧银行的地位，并对余额宝的定位做出解释：

余额宝不是阿里的战略级产品，它从来不是为了颠覆谁或打败谁而生。银行才是金融体系的主动脉，互联网金融只是毛细血管。

另一方面，她用数据向各大银行证明：余额宝总量看着大，但跑出来的存款只占存款总量的 1%，对银行来说是毛毛雨。跑出来的本来就是银行懒得招呼的小客户。

于是，银行对余额宝的抵触减少了。中国建设银行把支付宝的备付金主存管行从中国工商银行挪到了自家，成了这场风波的大赢家。

在阿里 19 年，执掌支付宝 8 年，彭蕾战功赫赫，把蚂蚁金服做到了 1000 亿美元（约 6 300 亿元）估值。

2017 年胡润百富榜公布，彭蕾以 400 亿元的身家位列阿里系第二名，仅次于身家 2 000 亿元的马云。

彭蕾的做法与成就，让我们明白一个道理：真正的执行，就是确保将目标变为现实。伟大的执行，就是确保把宏大的目标变为现实。

当你看到这样的执行者时，你是不是很佩服呢？是不是也会围绕如何实现目标，多做工作，多抓落实呢？

（二）把条件降到最低，把目标定到唯一

这句话明确了条件和目标的关系。在工作中，要做出一番出色的成绩，没有条件是不行的，但是，优秀的人对条件往往考虑得最少，对目标的追求却是无比坚定。

在他们心中，不管遇到什么困难，如何完成任务，会是他们唯一的想法。

曾经热播的军旅题材电视剧《我的兄弟叫顺溜》中，有一段情节很让人触动。

上级安排狙击手顺溜去伏击日军司令员石原，伏击地点恰好就在顺溜姐姐家附近。给石原探路的坂田等人发现了顺溜的姐姐，兽性大发地强暴了她，并将她和她丈夫都残忍地杀害了。

亲人就在眼前被残杀，这对于任何一个人来说都是非常惨痛的打击。在一般人的想法里，此时的顺溜就应该冲出去阻止坂田的暴行，最好能用他百发百中的枪法打爆这几个日军的头。

然而，顺溜却自始至终都沉默着。

是顺溜胆小没有血性吗？是顺溜对姐姐没有感情吗？是顺溜不恨日军吗？都不是。

让顺溜强忍着仇恨和愤怒继续潜伏的原因，是他没有忘记自己的任务目标是什么——伏击石原。

如果他出去救自己的亲人，三天三夜的潜伏就失败了，伏击石原这个任务目标也就不可能完成了。虽然从情理上讲，或许谁都不能责怪他，可是从整个战役大局来讲，他这么做却可能造成极为严重的后果。

正是因为顺溜以一个最好的执行者的思考方式来想问题，"咬紧"伏击石原这个目标不放松，真正做到了军人以服从命令为天职，他才痛苦地忍耐下来，最终完成了伏击任务。

顺溜只是个虚构出来的人物，剧情展现的环境距离我们现在也很遥远，但是他的精神却很值得我们学习。

正如中国卓越的政论家、出版家邹韬奋所说：

"一个人做事，在动手之前，当然要详慎考虑；但是计划或方针已定之后，就要认定目标前进，不可再有迟疑不决的态度，这就是坚毅的态度。"

顺溜执行任务正是有着这种坚毅的态度，才圆满完成了任务，我们做执行的时候也应该"咬紧目标不放松"。

对于一般的执行者来说，目标就像海上的浮灯，稍有波澜就隐没不见。而对于最好的执行者来说，目标是灯塔，不论到达灯塔的风浪有多大，困难有多少，他们都会不达目标誓不罢休。

三、"要做就要做到最好"的精神

有高的标准，才有好的成效。我们应该以"要做就要做到最好"的精神，给自己确定最好的执行标准。

（一）"把每件简单的事情做好就不简单"

现代管理学之父彼得·德鲁克有句名言："伟大的组织，就是让平凡的人做出不平凡业绩的地方。"

海尔的首席执行官张瑞敏说："什么叫作不简单？把每一件简单的事情做好就是不简单。"

这两点是应该紧密结合起来的。对组织的领导者而言，要尽可能在管理上下功夫，这样才能让平凡的人做出不平凡的业绩。

对组织中的每个人、每个执行者而言，就要在任何工作岗位上，哪怕是最普通的岗位上，把工作做到最好。

李纬是北京某出版社的营销总监，在一次交流如何才能提升绩效时，他明确提出："在战略正确的前提下，关键就在用心去做事，把事做到位。"

为了提升出版社的销售额，李纬所在的出版社的领导，明确提出了"强化工作抓到位"的理念。李纬全面落实这一理念，将整个部门的工作都围绕着"到位"二字大做文章，让每一位员工都以此作为自己的工作准则。

效果太明显了。这一点在一个从清洁工做到销售冠军的员工身上体现得最为明显。

李纬刚到出版社时，发现了一位很敬业的清洁工，见其做事努力上进，就将其任命为营销人员。大家都觉得很不理解，心里都在想：没错，她当清洁工是非常认真负责，但这并不能代表她就能做好销售啊？

但李纬却相信自己的眼光，因为通过观察，他发现这位清洁工身上有很多良好的素质：

第一，她工作特别负责。别人一天拖两次地，她拖四次；别人等纸篓满得都装不下了才倒，她则是看到纸篓半满就及时清理；别人干完活把工具往工具间一搁就算了，她不仅会把工具摆放整齐，还会把工具都清理干净……

第二，她很爱学习。她经常在下班的时候借一本出版社出版的书回去看，有时候还会谈谈自己看书的体会，不少地方还颇有独到的见解。

第三，她性格开朗热情。两个人擦肩而过她都会主动打招呼，谁有什么事，只要是能帮上的，她都会主动帮忙。

李纬认为这些素质同样也是一名优秀的销售人员应该具备的。

果然，这位大姐把销售工作做得非常好。她把单位的事当成自己的事，就连在周末休息的时候都在调查本社出版图书的销售情况。有客户要货，不管时间有多晚，她都争取在当天送到，有时候夜里八九点钟了她还在加班。

不久之后，她成了社里的销售冠军！

一个清洁工，能有这样大的发展，说明什么？

说明一个人，只要以一流的工作标准要求自己，工作就能做得出色。

说明细节决定成败。不管你的工作岗位如何普通，只要你能将每件小事做好，你就了不起，就能取得更好的成果，创造更好的业绩！

（二）要么"第一"，要么"唯一"

这是一个可以作为最好执行者参考的工作标准。提出这个理念的人，是上市公司华东医药集团董事长李邦良。

我曾应邀到这家企业做培训，了解了正是在这种工作标准的指导下，华东医药集团从原来一家很小的药厂，通过短短几年的时间，迅速发展为全国 520 家重点企业、浙江省 26 家重点企业之一。

无独有偶，当我应邀去广州著名企业王老吉进行培训时，发现他们也有类似的企业文化：

"每做一件事我们做到最好；同做一件事，我们做得最好。"

"我们提倡这样的宗旨：人家做得到的，我们应该也行，不但可以做到一流，而且力求创新，高人一筹。如果我们样样不如人，那就根本没有竞争力。所以，我们如果没有实力和没把握获得第一或第二，就没有必要参与。"

为此，他们还提出了与此相关的一些理念，如：

"成功的不二法则就是比预期付出得更多，你至少要比往日努力 4 倍以上。"

"寻找更好的方法去做同一件事。"

……

那么，如何去追求"第一"和"唯一"呢？

先看"第一"：同样的工作，做到最好。

比如，销售做到第一，业绩做到第一，质量做到第一，服务做到第一。

只有先确立"第一"的最佳工作标准，才有可能调动最大的潜能，想尽所有的方法，付出最多的努力，达到最好的效果。

青岛啤酒董事长金志国从最底层的工人开始干起，当过洗瓶工、锅炉工。但无论做什么，他都有一个信念，那就是"干哪一行就要在哪一行中干得最好"。就拿洗瓶子来说，他能熟练到一次就可以拿起12个啤酒瓶，这是其他人根本做不到的。为此，我总结出了一个观点："洗瓶子也要洗出状元的境界。"

的确如此，只要树立了"第一"的标准，所有的行动自然就会依照这样的标准做调整。

我们再来看"唯一"：别人没有做到的事情，我做到了，也就是独一无二。

我的第一份工作，是在湖南日报社当记者。我发现，当时媒体对发达地区报道多，对贫苦地区报道少，尤其对湖南最贫苦的湘西自治州，更是缺乏系统报道。

于是，我做出了一个大胆的决定：到湘西最贫困的地方去采访。

这是前所未有的，不仅我们报社没有，别的报社也没有过这样的先例。

很多人对此不理解，有人说："你要去的地方大多是原始森林，里面是什么状况你都不知道，万一有什么猛兽之类的，多危险啊！"还有人说："那么偏僻的地方，你是自讨苦吃吗？"甚至有朋友说："吴甘霖，你是不是疯了，去那个鬼地方？"

的确，那是没人愿意去的地方，可那里的情况总得有人去了解，既然这样，就让我来做"第一人"吧。

好在我的想法得到了报社领导的支持，就这样，我开始了让我终生难忘的"湘西纪行"。

因为我要去的地方都不通车，2 000多千米的路程，都是靠我的双脚走出来的。

为了拿到第一手资料，我去的几乎都是平时没有人去的地方。我从原始森林出发，沿着澧水走了 18 天，共 600 多千米。那里的山都非常陡峭，按照当地人的说法，如果你戴着帽子抬头看山顶，帽子就会掉下去。

我也去过从没有通过公路的黄莲台、寡妇村，去了村里干部一年都不会爬几次的狗爬岩。"狗爬岩"，顾名思义也就是只有狗才爬得上去的地方，上去只有一条羊肠小路，旁边就是悬崖峭壁，一不小心就会丢了性命。

就这样，我走了整整 108 天，写了几十篇稿子。这套报道在当时引起了很大反响，省领导开会决定，立即拨款，启动扶贫计划。省政府给我记功一次，并给我开庆功大会。同时，省委宣传部部长还特意为此写了 4 000 多字的文章登在《湖南日报》上，号召全省记者向我学习。

那一年，我仅 23 岁。

现在回想起来，当年我之所以能做别人做不到的事情，就在于我一直用"唯一"的工作标准来要求自己，我知道从事新闻工作，每个人都很优秀，没人敢说自己做到了"第一"，但起码我可以另辟蹊径，做别人没有做过的事情，努力做到"唯一"。

无论是"第一"还是"唯一"，都是将工作做到位、将执行做到位最好的原动力。

有了这样的标准，就会时时对照自己的工作找差距：

哪里做得不足？什么地方还需要改进？用什么样的方法可以做得更好？……

这样一来，工作何愁不上台阶，执行又何愁不到位！

第二章　执行不是被动应付，而是主动负责

成为最好的执行者，就要调整应付心态为自觉心态。

分析如何执行，可以分为三种：

第一种，敷衍应付，做是做了，但和预想与要求的差很多，也就是打了折扣；

第二种，领导要求的，会做到，领导没要求的，不会多做；

第三种，不仅领导要求的会做到，就算领导没有要求的，只要是有利于把事情做得更好的，都会主动去做，做好。

最好的执行者，都是能用第三种标准去要求自己的人。他们不是去被动应付，而是能够主动负责。

请记住一个公式：执行力＝自觉力×（思考力＋落实力）。

这个公式告诉我们，执行力包括自觉力、思考力和落实力，三点缺一不可。但自觉力起决定性的作用，它对其他两种力量能起到乘数效应的作用。

一、执行力＝自觉力×（思考力＋落实力）。

二、不要别人推，自己就做好。

三、让执行力与主动开拓精神紧密结合。

一、执行力 = 自觉力 ×（思考力 + 落实力）

最好的执行者，都不是应付式执行，都是带着主动负责的态度，自动自发去执行的。

（一）一流的执行者都有"主人公"的责任感

在我们机构举办的"中国首届白领成功训练营"上，时任联想控股集团人事部副总监的李虹，向大家分享了一个普通员工如何获得集团最高奖的故事：

一个星期天，联想集团一个普通员工去电脑城给自己买东西。很偶然地，他听到一位顾客和销售经理在吵架。

他开始也没觉得什么，但仔细一听，就觉得不能不关心了。因为顾客吵架的原因不是别的，正是因为联想的电脑。

客户买了这台电脑回去后，觉得有些地方不满意，于是找到销售商解决问题。但销售商觉得这不是自己的责任。两边谈不拢，于是就吵起来了。

照一般人的理解，对这样一件事情，这位普通的联想员工完全可置身事外，因为这与他的本职工作无关。

但是这位员工可不这样想。他觉得这件事与联想有关，自己作为联想的一份子，就不能不管。

于是，他主动走过去，介绍说自己是联想的员工，询问他们争执的原因。

两人一听他是联想的员工，竟然将矛头都对准了他，把他当成了联想的代表，将他好好批评了一通。

他没有生气，而是始终面带微笑，耐心地向他们解释，并提出了解决方案。之后，这位员工给联想的有关部门打了很多个电话，不断地协调、协商，前后花了4个多小时，最后按照顾客的要求，将此事完美地解决了。

他超越分内事帮客户解决了问题，回到单位后，却没有向任何人讲起这件事情。

但是，他所做的好事并没有被人忘记。这位顾客和销售经理都很感激他，于是写了封感谢信，直接寄给了联想集团总经理。

总经理看到这封信后十分感动，立即号召公司员工向他学习。

那年，联想集团的最高奖"联想奖"也颁给了这位普通员工。

有了这样的好基础，他以后在联想的发展机会和空间，难道不是可想而知了吗？

当时，这个训练营不仅吸引了来自全国各地的众多白领人士，更有来自惠普、红牛、清华同方等众多知名企业的中高层管理者参加。上述故事一讲完，立即引发大家对这位普通员工的认可和赞扬，后来新浪网还为我们开设了一个特别专栏《白领成功大课堂》，并对这个故事进行详细介绍，在广大网友们中产生了热烈反响。

毫无疑问。这个员工是最优秀的员工，也是最好的执行者。结合他和类似他这种执行者的做法，我们得出了这样的启示：

所有最好的执行者，都有"主人公"的责任感。

因此，他们干任何工作都不是被动应付，而是主动负责。

什么叫作主动负责？就是没有人安排他去做，甚至是本来与他本职工作无关的事情，他都能根据单位和团队的需求，主动去做。

而在这个过程中，他不会先讲条件，而是以主人公的心态，直接把责任担起来。

这类不会向单位要什么条件，却主动为单位解决问题的执行者，必然是单位最需要的执行者，也必然会得到单位的最大肯定。

自觉力在执行中的重要性，可以从这个公式中体现出来：

执行力 = 自觉力 ×（思考力 + 落实力）

该公式说明了自觉力、思考力与落实力都十分重要，但最核心的是自觉力，因为它能对其他的力量产生乘数效应。

所以，不管是要提升个人执行力，还是团队执行力，提高自觉精神，必须摆到数一数二的位置！

（二）你也能成为单位的"金字招牌"

我们都知道，同样去买一样东西，如果是自己花钱买，很多人可能都会非常用心地精打细算，不辞辛苦地货比三家，最后买的东西质量要好，价格还要便宜。

但如果是给单位买东西，很多人可能首先想到的是方便和省事，至于质量是不是最好，价格是不是最便宜，那都无所谓，反正花的不是自己的钱。

但一个最好的执行者，不会把自己的事和单位的事分得那么清楚，他们会把单位的事当成自己的事来做。

一旦有了这样主动执行的心态，他们就会时时考虑：我怎么才能承担更多责任？如何才能做得更好？怎样才能用最小的投入获得最大的效益？……

有一次，一位宝马公司的员工到外地出差，准备到一家宾馆住宿的时候，发现不远的地方停了一辆满是泥土的车。出于职业的本能，他多看了几眼这辆车，结果发现那是一款自己公司生产的宝马车。

那么有档次的车却脏成这样，别人看了会不会觉得：看起来宝马的车也不怎么样嘛，如果真那么有档次，车主怎么会那么不爱惜，任由它脏成这样？

于是他立即走过去，挽起袖子开始擦起来，直到车身光亮如新才停下来。

这时，车主正好回来了，一看车子，差点以为自己走错了地方。得知这位义务帮助自己擦车的小伙子竟然是宝马公司的员工时，他既感动又吃惊，不由得对宝马公司的服务大加赞叹。

或许很多人会想，又不是自己卖出去的车子，干吗要多此一举？再说了，就算是自己卖出去的，公司也没有规定要义务帮别人擦车啊。

的确，如果不是出于对产品的热爱、对公司形象的关心，这位员工完全没有必要去做这些事情，但正因为有了这份关心，就会多了一份责任。既然是宝马的一员，那么走到哪里，都要体现出宝马员工最高的素质。

这样的做法，让哪怕是一个普通的员工，都能成为单位的"金字招牌"。这样的员工，也必然是单位最受欢迎的执行者。

（三）重视"成功学的先付法则"

自觉型的执行者不是斤斤计较的人，更不是先讲条件才去解决问题的人。他们先讲付出和奉献，但很耐人寻味的是：这种付出往往会得到超乎意料的回报。

为什么会产生这样的奇迹呢？

这是因为成功学的"先付定律"在发挥作用。那就是："先让你的付出超过你的报酬，然后你的报酬会超过你的付出。"

像联想集团的那位普通员工，以主人公的姿态做了那样一件事，他并没有料到他会荣获联想的最高奖。但这正是职场的法则。

那么，我们该如何培养这种自觉心态呢？

第一，你是员工，但你更是主人。

这就是说，哪怕你是一个单位里最普通的员工，也要有主人翁的精神。凡是对单位有利的事情就要多关心，多去做。

第二，"分外事"也是"分内事"。

就是在做好本职工作的同时，在不损害单位规章制度的前提下，主动去做一些能够帮助单位或同事的事情。

第三，处处留心，处处用心。

用心就有机会。你会发现处处有奉献的机会，同时也让自己因此获得更多发展的机会。

所以请记住，尽力去做一个自觉型的执行者吧，你必然会因此成为单位里最闪光的钻石！

二、不要别人推，自己就做好

执行中，有三种状态：

一是别人推动他走，他还不情愿走，甚至怨气冲天；

二是别人推动他走，他会走，但不推，他就不会主动前行；

三是不需要别人推，自己会根据需要和自己工作及发展的要求，主动将一些事情做好。

前两种人尤其是第一种人，往往对工作是应付的，工作效果往往要打折扣。

只有第三种人是主动自觉的。只有这种人，才最受重视，也最容易获得成长与发展。

要成为一流的执行者，就必须战胜应付心态、抵触心态，成为"不要别人推，我就能做好"的自觉型执行者。

（一）"不用扬鞭自奋蹄"

要执行到位，就要时刻树立一种意识："这是我的责任。"

任何执行要到位，首先是责任要到位。

只有把责任感放在第一位，才能责无旁贷地承担起任务，才能"不用扬鞭自奋蹄"，千方百计保证执行完成、到位。

很多人永远都不会忘记1976年7月28日这个苦难的日子，这一天，唐山发生大地震，24万多人被这场突如其来的灾难夺去了生命。

在很多人的印象中，这次地震的第一报信人一定是唐山市委市政府的领导。

但实际上，给党中央报信，使党中央准确了解震中位置和情况的，是一位煤矿的普通干部、一个名叫李玉林的唐山人。

中央领导当时对李玉林这一举动的评价是："为中央的救灾工作抢出了整整一个白天的时间。"

也就是说，李玉林的这一举动，不知挽救了多少人的生命。

这其中的故事，告诉我们的恰恰是执行到位的第二个理念：这是我的责任！

唐山地震后，交通和通信全部中断，4个小时后，只穿着一条短裤、满脸是血、身上全是泥巴的李玉林来到新华门，然后在民警的指引下，到了中南海，向中央领导汇报了唐山地震的情况。

整个报信的过程是这样的：

当天凌晨 3 点多，正在睡觉的李玉林被地震震醒了，跑出去一看，他立即被眼前可怕的景象惊呆了。他将爱人和 3 个孩子扔在空地上，光脚穿着一条短裤就拔腿往矿上跑，当时他的第一个念头就是赶紧去矿上看看工人怎么样了。

在去矿上的途中，他经过自己父母的家，但是为了争取时间，他没有进去。

一路上，静得可怕，房子全倒了，只剩一片废墟，到了矿上，又是一片狼藉。他转身朝市委大楼跑去，到了那里，他才发现市委大楼也已经被夷为平地。

军人出身的李玉林突然意识到，必须尽快向党中央汇报灾情，只有部队才能应付眼前的局面，而只有党中央才能调动部队。

这时，矿上的救护车正好开了过来，李玉林马上将车拦住，这时另外两个同事听说要去向中央报告灾情，也一起上了车。

碾过瓦砾，救护车驶入起伏不平的道路，在寂静与黑暗中颠簸、摇摆，拼尽全力一路奔驰向西，直奔首都北京。

历经千辛万苦，李玉林一行终于到了中南海，向几位副总理汇报了唐山的情况。而在此之前，中央没有收到任何关于唐山地震的具体情报。不仅如此，李玉林还迅速画了一张地图，标明了出入唐山的各个路口，还大致标明了各机关、厂矿。

就这样，李玉林的报信为中央开展救灾工作赢得了宝贵的时间，也因此挽救了无数唐山人的生命，而他自己，却在这场地震中失去了14 位亲人。

在这个故事中，我们看到了一个如何用责任感保证执行到位的典型案例。

第一，责无旁贷：这就是我的责任。

为什么那么多人，只有李玉林想到了要向中央报信？那是因为面对突如其来的灾难，李玉林首先想到的是："让党中央知道情况，赶紧开展救援工作，是我责无旁贷的责任！"

第二，当仁不让：主动执行。

按常理，发生这么大的灾难，首先报信的应该是唐山市委市政府，但当时市委大楼已夷为平地，而交通和通信又全部中断，这时候，哪怕有一个人能早一分钟去报信、多一个人汇报情况，对党中央早一点开展救灾工作、进行更周到的部署都是极为宝贵的，于是，他当仁不让地主动承担起了执行任务。

第三，先公后私。

李玉林在地震中失去了14位亲人，甚至在路过父母家时，他都没顾得上进去看一眼，并不是他没有感情，而是因为肩上那份沉甸甸的责任。

只要有了这三条做保证，责任心就体现得十分到位了。

责任心体现到位，所有行为都会自动自发，执行就更容易到位了。

（二）没人督促，自我督促

我曾为著名企业四川长虹集团做过一场"执行重在到位"的千人培训，听说了这样一个故事：

有一次，一场几十年难遇的大雪灾袭击了我国南方。湖南省郴州市是重灾区，连续断电十几天，大年三十这天，人们才迎来了久违的光明。

也就在大年三十的这天中午，长虹售后人员王红军家的电话突然响了起来。

原来，一位长虹用户家的液晶电视出了故障。不过，用户也说可以等到过完年后再修。

但王师傅挂完电话想："经历了这十多天没有电的日子，如今好不容易来电了，如果用户因为电视机的故障不能收看春节联欢晚会的话，那多么遗憾啊？"

于是，他不顾妻子的抱怨，匆忙赶往用户家中。

经过一番检测后，他发现用户的液晶电视是由于使用不当，多次突然断电导致电源板烧坏。可是，当时维修部里也没有这种型号的电源板存货了。

这时，他突然想到前段时间他自己购买了一台液晶电视，能不能把电源板拆下来先给用户用，等过完年申请了新的配件再给用户换上呢？

想到这里，他马不停蹄地回到家中，不过由于连续十多天的停电，电动车没有电，摩托车没有油加，他只能骑着自行车上门。

路上多日的积雪渐渐融化，泥污沾满了王红军的裤脚，天还下起了淅淅沥沥的小雨……

王红军到家后顾不上满身污泥，打着哆嗦拆自己电视上的电源板，然后匆匆返回，把用户的电视修好。修好后，他还抱歉地说："对不起，只能给您换我们家的电源板，春节后新配件到了我再来给你们换成新的。"

用户激动地握着王红军的手说："感谢你，你们把顾客真正地当成了上帝，以后我和我的亲朋好友们换电器时，首选你们品牌。"

从用户家里出来已经是下午5点了，外边已经响起了辞旧迎新的爆竹声。

之后，有人采访他，他说："真的没什么好讲的，既然我干了长虹售后服务这行，就应该急用户之所急，时刻把长虹用户的需求摆在第一位……"

我想，这样的做法，不仅能感动客户，也能感动所有人。

这位员工身上体现的服务品质，是顾客至上。作为一个执行者，最难得的一点，就是在没有任何人督促时自我督促——试问，遇到同样的情况，有几个人能把自己家的电源板拆下来先给用户用呢？

当一个人在没有任何人督促的情况下，能自己督促自己，以最高的标准来完成任务。这样的执行，难道不是铁的执行，是最有效率也最受欢迎的执行吗？

三、让执行力与主动开拓精神紧密结合

要想把执行做到最好，仅仅是听话照做，或者过去是怎么做的现在还是怎么做，一成不变地照搬是不够的。

很多时候，还是更需要把工作中的主动开拓能力，与执行力紧密结合起来。

（一）不是"等事做"，而是"找事做"

最好的执行者不是被动等待领导安排工作，自己才去做的人，而是能根据单位发展的需求，主动去找事情做的人。

我们来看看香港的"珠宝大王"郑裕彤是怎么做的。

郑裕彤出身贫寒，为了养家糊口，小学毕业后，郑裕彤便到父亲的朋友周至元所开的"周大福金铺"去当学徒。

尽管做的是最底层的工作，但他丝毫不懈怠，每天都早早的赶到金铺，将金铺收拾打扫得干干净净。往往是等他收拾完了之后，大伙计们才姗姗来迟。

店里的伙计，大多只知道埋头做本分事，而郑裕彤，除了做好本分事外，还特别爱动脑筋，经常琢磨和研究怎样做才能更有利于金铺的发展。

一天，老板让他到码头接一位亲戚。这时他看到有一位南洋侨商上了码头，并向人打听哪里可以兑换港币。

郑裕彤灵机一动，立即走上前去，说周大福金铺可以兑换，价格也最公道，并立即带路，将这位侨商带进了周大福，之后又马不停蹄地赶回码头接那位亲戚。

郑裕彤的这一做法，让周老板大为赞赏。

还有一次，伙计们开工好一会儿了，郑裕彤才气喘吁吁地跑进来。老板很生气，问他到哪里去了。

郑裕彤回答说，自己看别人家珠宝行做生意去了。

老板不禁有些好奇，于是问他看出了什么名堂没有。

"我看别家的生意，比我们店里做得精明，只要客人一踏进店门，店里老板、伙计总是笑脸相迎，有问必答；无论生意大小，一视同仁；即使这回生意做不成，给人家留下一个好印象，下回他们自然还会光顾！"

"另外，店铺一定要开在做生意的旺地，门面装修也要讲究，特别是做珠宝生意，一定要显得十分气派。"

郑裕彤的回答让老板不禁对这个小伙计有些刮目相看，他没想到这些经商诀窍能够从这个小学徒的口中总结出来。

自那以后，老板开始有意识地培养他，还将女儿嫁给了他。

后来，他成为香港金行龙头老大"周大福"的掌门人。在郑裕彤的经营下，"周大福"已经成为了珠宝行和金铺的代名词。

假如郑裕彤面对那位兑换港元的南洋侨商，是这么想的：

"金铺又没多给我工钱，我主动去管什么闲事，多一事不如少一事。"

假如他不主动去琢磨怎么做生意，而是想："我一个小伙计，就算操这份心又有什么用？"

那么，结果又会怎样呢？

一流的执行者，他首先会觉得那些问题就是自己的问题，要主动地创造性地去解决；他会觉得好机会是单位的机会，也是自己的机会。无论这件事情与自己有没有直接关系，也无论自己的职位多么普通，他们都会当仁不让地去做。而机会，往往就会因此而产生。

（二）让执行力插上创新的翅膀

皇明太阳能集团创始人、总裁黄鸣，在担任普通员工时的一段经历，就给了我们很大启示。且看他自己在有关文章中介绍的一段经历：

黄鸣大学毕业后被分到了石油钻井技术研究所，在技术装备室工作。工作两年后，地矿部有一个斥资几十亿元的"七五"大型设备改造项目，即为了提升钻井勘探的技术水平而要把所有的钻机都改造一遍。

当时部里把这个课题交给了比黄鸣所在装备室的级别和规模更高一级的装备研究所，为此还专门召开了钻机改造方案的评审会，黄鸣当时抱着学习的心态参加了评审会。

当时有几位年龄比较大的高工（高级工程师）在会上介绍方案，黄鸣听得非常仔细。但听着听着，他觉得方案有问题。一是方案中有很多理论依据、设计计算跟大学的专业教科书和他所看到的国内外相关文献不符；二是实施方案缺乏可操作性，设备改造方案与现场情况有很多不符之处。

在大学期间，黄鸣的专业课程学得非常深入，每门都是优，实习期间，他又把整个井架、钻台、动力系统等摸得一清二楚，写了厚厚的实习报告，工作两年，他特别关注专业动态，写过几篇专业的文章，发表后引起了很大的关注。

正因为有对专业技术的深度把握，黄鸣快速捕捉到了方案的不足。于是，他把自己认为不妥的地方逐条记下来，共列出了二十几条。等几位高工讲完方案让大家提意见的时候，黄鸣鼓起勇气一下讲了十几条。

讲的时候一气呵成，但讲完之后，他开始忐忑不安起来，毕竟在座的都是专家、司长、总工，自己不知深浅地提建议，会不会让别人感觉这个初出茅庐的小伙子太不知天高地厚了？

当天晚上，领导就把他叫到了办公室。当时他忐忑不安的心情可想而知。然而，让他没有想到的是，领导告诉他，听了他的意见之后，大家都很重视，为此特意开会进行讨论，认为他提的很多建议很重要，数据也很翔实，说明现在方案不成熟，存在漏洞，需要调整。

经过慎重考虑，领导决定把设备改造项目的任务分一半给他们科室，由他牵头，与另一科室共同完成，并正式通知他加入"七五"设备领导改造五人小组。

就这样，刚刚毕业两年的黄鸣获得了这个很多人想都不敢想的机会，他不负重托，带领课题小组顺利完成了任务，并获得了部里的科技进步二等奖。从此，他不断承揽科研课题，年纪轻轻就当上了科研室副主任，成为所里的科研主力。这也为他以后的创业打下了坚实的基础。

黄鸣的做法，正是让执行力与创新力结合的典范。他的过人之处表现在以下两点：

第一，不迷信权威，即使是众多专家的方案，如果有漏洞，他也敢于大胆说出自己的想法。

第二，虽然项目和自己无关，但还是主动去想创新的方案。

工作中，很多人就像机器人一样，执行中很死板，被动地遵守常规。其实，最好的执行者往往能够主动打破条条框框，并把创新力落实到执行中，主动为单位做出贡献。

只要你时刻围绕"如何将工作做得更好"去思考和琢磨，即使在平凡的岗位上，你也能做出有价值的创新。

这正是在更高的层面上去完善执行力。

第三章　"期望二，做到十"

海尔集团首席执行官张瑞敏称赞自己的助手杨绵绵，用了一个很高的评价："期望二，做到十。"

这其实也描绘了最好执行者的自我要求——别人尤其是领导，对你有期望，你不仅要全力以赴做好，而且要好到超乎别人和领导的意料。

一、要想成为领导格外重视的人，就要给超出他期望的结果。

二、不仅能完成任务，还能弥补上级的不足。

三、你能给人惊喜，命运会还你惊喜。

一、要想成为领导格外重视的人，就要给超出他期望的结果

（一）对领导安排的任务，比他要求的做得更好

作为一名管理学和教育学专家，我经常会应邀给北京大学、清华大学的董事长班和总裁班讲课。在讲课的分享环节中，一个探讨得最多的问题是：怎样的人，在单位会有最大最快的发展？

不少领导都会通过现身说法的方式，讲述其中的成功之道。其中，一位名叫李黎的学员，是某家大企业的董事长兼总经理，讲述了他破格提拔一位主管为总经理助理的故事。

当时，他出国考察，与新加坡某集团相谈甚为融洽，对方明确表示了愿与自己公司建立战略合作的意向，而且讲好了在他回到公司的当天，就来该公司具体考察。

为了达到最好的效果，在新加坡集团来考察之前，必须做一份详细、有效的财务报告。于是，他便打电话安排这件事情。不巧的是，财务部经理因病休假了，还有一位有经验的财务人员也出差了。接电话的是一位主管。既然找不到更合适的人，他就把这个任务交给了这位姓程的主管。

这位主管没有停留在仅仅只做财务报告的层面，也没有停留在只给外国企业做财务报告的层次，而是向董事长多问了不少问题，包括合作的对象具体是哪家集团，尽可能了解对方的情况。

之后，就对他说："董事长您放心，我一定尽力去做，如果不懂，我会去找总监和其他有经验的同事请教，保证完成您安排的任务。"

李黎虽然给他安排了任务，但心中还是有些忐忑不安，毕竟这位主管缺乏经验。但没有想到，回到公司一上班，他马上就拿到了这份

财务报告，其质量不仅符合自己的需求，在某些方面比自己期望的还要好。

一了解，原来这位主管在接到任务后，就立即全力以赴地进入状态，不仅向本公司有经验的财务人员请教，而且还向有与外国公司合作经验的其他单位的财务人员请教，这样，他所写的报告，就不只是冷冰冰的数字，还有不少外国合作者感兴趣的内容。

这已经让董事长喜出望外了，但还有更让他想不到的——当他对报告不断赞赏之后，请程主管离开时，这位主管却没有离开，而是向他提了一个问题："董事长，我上网查了一些资料，发现要与我们合作的企业，是新加坡著名的纳税大户，而且他们公司在与中国其他地方合作时，格外强调依法纳税的问题。我想问您：我们在做财务报告的同时，是不是也需要提前做一份税务报告呢？"

他以前根本没考虑到这点，但当下立即觉得主管讲得很有道理，接着就有点着急了："是该有啊，可是怎么办啊，现在是 9 点钟，11 点新加坡集团的人就来我们公司了，临时做也来不及啊！"

这时候，程主管笑眯眯地递过一份文件来，说："对不起，董事长，事先我没有征求您的同意，考虑到上面这个因素，就把税务报告也做好了。您看看是否符合要求？"

李黎拿过来一看，发现它就像财务报告一样，使自己十分满意。于是立即作出一个决定，让他参加与新加坡那家集团的合作洽谈。正如程主管所料，新加坡那家集团十分重视该单位的纳税情况，提出看税务报告。他们立即拿出来。新加坡那家集团的有关人士看完后，又提出多种问题，这时程主管对答如流，令对方频频点头。

这次洽谈极为顺利，双方很快就建立了战略合作协议。在谈到为何能这样顺利时，新加坡那家集团的洽谈代表说：

"这家公司做工作太到位了。尤其是他们做的税务报告给我们印象很深。不仅严谨真实，也让我们看到了他们经营成功的关键。尤其是我们这些年在与中国企业合作时，只要我们不提税务报告，那些企业就不会主动提供。而这一家，主动提供给我们税务报告。这一点高度强化了我们合作的信心。"

这位能够帮助企业将工作做到位的主管，自然也值得企业领导高度器重。通过这件事和其他一些事情的考察，李黎董事长对这位主管另眼相看了，之后就安排了一些新的机会给他，而他也总是将工作做得很到位，于是，前不久他被提拔为总经理助理。

这位程主管的故事，立即引起了众多老总们的热烈讨论。大家纷纷表示：像这种面对领导安排任务，不仅能完成好，而且还能超出领导期望的人，绝对是单位最受欢迎的人，也必然是领导最器重、最愿意给他更大机会的人。

正如闻名世界的美国钢铁大王安德鲁·卡耐基所说：

"有两种人注定一事无成，一种是除非别人要他去做，否则绝不会主动做事的人；另外一种则是即使别人要他做，他也做不好事情的人。那些不需要别人催促，就会主动去做应该做的事，而且不会半途而废的人必定成功，这种人懂得要求自己多努力一点，多付出一点，而且比别人预期的还要多。"

是的，作为一个执行者，不能像个机器人一样只是满足于简单把任务完成，而要学会站在领导的高度，站在全局负责的高度去认识，非常重要的一点，就是做每一件事，都要做到超出领导的期望。

（二）对领导提出的精神与计划，落实得超出领导期望

海尔集团的发展，与首席执行官张瑞敏的努力密切相关。而张瑞

敏在谈到海尔的发展时，除了称赞全体员工外，还格外称赞他的助手、海尔集团总裁杨绵绵。他对她有一个很高的评价："往往我期望二，她却能做到十。"

的确如此，这不单体现在一些日常工作的落实上，更体现在对领导提出的精神与计划，落实得更是超出领导期望。

有一次，杨绵绵发现一台质量合格的冰箱抽屉里有一根头发，立即叫来全体相关人员召开了紧急会议。

有人觉得她未免也太小题大做了，不就是一根头发嘛，拿掉就行了，又不会影响质量。

对此，杨绵绵却说了这样一句话：

"抓质量就是要一根头发丝也不能放过！今天对一根头发丝视而不见，那么明天就会对更大的问题同样对待，头发丝虽小，但它关系责任心的问题。"

为什么杨绵绵细到连一根头发丝都不放过？

因为从海尔创业时开始，张瑞敏就把质量问题当成关系到企业生死存亡的大问题来抓，甚至不惜砸掉了70多台有问题的冰箱。他还格外要求管理干部对大家的质量意识常抓不懈。

为了落实这种精神，杨绵绵处处狠抓质量问题，遇到这根头发丝时，绝对没有把它当成小事。正因为她能将企业的制度和张瑞敏的要求，落实到一般人觉得难以理解的程度，所以她的确无愧于"期望二，做到十"的高度评价。

这样的下属，哪有不被格外器重的道理？

二、不仅能完成任务，还能弥补上级的不足

毫无疑问，执行者就是完成任务的人，越能完成上级布置的任务，越是优秀的执行者。

但是，假如你在完成任务的同时，还能以自己的长处，弥补上级的不足，那就更是超出他的期望了。

（一）帮助上级把关

一流的下级总能提醒上级，末流的下级总要上级提醒。

不少执行者认为：既然是领导，做的决定肯定是正确的，我只要照做就行了；即使觉得有什么不妥当，但是领导说的，就算出了差错，也不是我的责任，我何必多事；领导都没有想到，我怎么可能替他想到？

但最好的执行者，不仅不需要领导来提醒，而且总会想到领导前面，上级想到的自己当然要想到，上级没有想到的，也要主动替他想到。这就是帮助上级把关。

在我的机构，原来有一名姓华的办公室主任，就很懂得替上级把关。在我们的机构变更为中外合资机构的时候，我准备拿出一块资产入股。本来合同都已经拟好、准备签了，但她仔细看过之后却提出：

"吴老师，我觉得拿这块资产入股不合适，将来会影响到我们的权益，所以我建议将这一条去掉。"

接着，她具体分析了这样做不合适的理由。

我听了觉得很有道理，有些东西确实是我没有想到的。

于是，我按照她的意见对合同进行了修改。后来实践证明，她当时的建议是对的。

还有一次，我的一本新书即将出版，样稿送来之后，我仔细校对了一遍，然后交给她说："稿子我已经校对过了，没什么问题，你交给出版社吧。"

然而让我没有想到的是，她竟然推迟下班，又将稿子重新校对了一遍，而且发现了两处明显的错误，其中一处错误还在封底。

这两件事让我触动很大。尽管我已经拟好合同，校对过稿子，自己也认为没什么问题，但她却还要再把一次关，不放过任何一个失误、任何一个细节。

很多下属都有一个错觉，领导哪会有什么想不到的事情。可别忘了，领导不是神，他也有考虑不周全的时候，也有需要你提醒的地方。

这时候就格外需要下级能够替自己把关，为上级多考虑一点，甚至想到领导的前面。

（二）以自己的长处，弥补上级的不足

这也与一些执行者平时的想法不一样——他们认为，既然是领导，应该在哪方面都比下属高明。

但别忘了，上级不是神，不是万能的。上级既有自己的长处，也有自己不足的地方。作为一个优秀的下级，不能挑剔上级，同时也不能机械地唯上级的命令是从，而是能够灵活掌握尺度，善于用自己的长处去弥补上级的不足。

罗荣桓是我国十大元帅之一，在解放东北时，曾经是东北野战军司令林彪的得力助手。

林彪给人的感觉非常严肃，不苟言笑。但罗荣桓很善于用自己的亲切去弥补林彪的那种严肃有余、人情味不足。曾经电影《大决战》中有描述这么一个细节：

有一次，林彪把部下全部叫到一起开会，安排作战任务。

会议结束后，都已经快过午饭时间了，林彪对大家说："各位请回吧，我这里没有安排各位的午饭。"

来参加会议的部下都露出了尴尬的表情，这时身为政治委员的罗荣桓立即意识到部下们的情绪，马上微笑着对身边的警卫员说："你快去跟厨师打招呼，让他多煮些面条，让同志们吃完面再走。"

一句话立即缓和了林彪严肃的措辞，也缓解了大家的情绪。

在工作中，很多时候，上级重用一个人，往往是因为他能够弥补自己的不足。

素有"铁娘子"之称的格力集团总裁董明珠，在进入格力集团初期，就是用铁腕手段弥补了上级的魄力不足。在《营销女皇董明珠》等著作中，记录了这样一些事：

首先是对企业内部的管理一抓到底。格力集团在发展过程中，经营部存在很多问题。格力集团的创始人朱江洪个性温和，面对员工的一些问题，即使看到了，但碍于面子也不好直说出来。这样的结果造成员工更加散漫，旧问题没解决又出现新问题。

再这样下去肯定不行。于是朱江洪决定通过选举，挑选合适的人才担任经营部主管。当时，备受同事们喜爱的董明珠被推选为部长。

有人想，既然是自己推选出来的部长，董明珠肯定会在方方面面都照顾大家，拉拉关系、走走后门应该不成问题，就算是有什么事情，也会帮自己说说话。

但让他们完全没有想到的是，董明珠一上任，那种做事干练、铁面无私的个性就展露无遗。她做的第一件事就是严抓管理、规范业务员的行为。

在她的严格管理之下，彻底杜绝了业务员无款提货、随意调配产品或私自收货款的行为。为此，她还关闭了分布全国各地的库房，并强调业务员销售账目清晰化，销售货款要限时追回。措施刚出台的时候，有不少人都来说情，但都被董明珠毫不留情地拒绝了。

在促使内部管理逐渐走上正轨的同时，她还对客户实行铁腕政策。

拖欠货款一直都是中国很多行业存在的现象，也是让很多企业头疼的问题，严重的会影响到企业的生存和发展。当时的格力也面临着同样的问题。

在很多人看来，谁都可以得罪，就是不能得罪客户，毕竟企业要靠客户才能生存。所以，就算是拖欠货款的现象很普遍，也没有人敢提出异议。

然而，董明珠却做了别人不敢做的事情，推出了"先付款再交货"的交易方式。

这种方式一推出，立即在客户当中炸开了锅，引起不少客户的强烈不满，有的表示如果这样就不销售格力的空调了。

但董明珠不为所动。最后的结果是，过了不久，格力没有一分钱的拖欠账款，整体效益大大提升。

无论是对内部员工的管理，还是对外部的客户管理，董明珠都用自己的长处弥补了上级的不足。

老总朱江洪性格温和，在某种程度上称得上是"老好人"，这样的领导有自己的优势，那就是亲和力很强，但不足的地方是威严不够，抓管理缺乏力度。而董明珠恰恰用自己的铁腕弥补了上级的不足。可以说，没有董明珠的铁腕，就没有格力今天的发展。

一个最好的执行者，大都会明白这样一个基本的道理：

上级的不足之处，恰恰是自己长处最能体现价值的地方。如果你能以自己的长处弥补上级的不足，那么就实现了最好的互补。无论是对上级，还是对你完成任务，都是极有价值的事情。

三、你能给人惊喜，命运会还你惊喜

最好的执行者，要做到"期望二，做到十"，那就能给人惊喜。如果你能给人惊喜，命运也会还给你一份惊喜。

（一）优秀的人，常把"分外事"做成"分内事"

有这样一位大学毕业生，毕业后的第一份工作是在英国大使馆做接线员。这种工作在大多数人眼里，是既没有前途也不需要费心思的工作。不就是接个电话嘛，太简单了。

可她却成了大使馆里最"火"的接线员，她的电话间成了大使馆的信息中转站，甚至连大使都亲自跑到电话间来表扬她。

她到底做了什么，以至如此受欢迎？

因为她除了像其他接线员一样每天转接电话之外，还做了别的接线员不会做的"分外事"——把使馆所有人员的名字、职务、电话、工作范围甚至他们家属的信息都背得滚瓜烂熟。

这样一有电话打进来，她就能迅速而准确地帮对方转接过去。要是对方不清楚自己的事该找谁办，她就会耐心地询问对方一些信息，然后根据自己的判断帮他找到该找的人。

时间长了，使馆的人都知道有个接线员做事非常用心，于是在外出的时候，都会特意告诉她可能会有什么人打电话给自己、有什么事要转告对方、哪些电话要转接给哪位同事之类，甚至连私事也会委托她去做。

因为工作负责、表现出色，她很快就被破格调去给英国某大报的资深记者当翻译。

仅仅用了一年时间，当初百般瞧不上她的资深记者就开始对同事夸耀："我的翻译比你的好上十倍。"

因为不管记者交待她什么工作，她都会认真做好，甚至有些没有交待的工作，她也会主动去帮忙。

没过多久，她又被破格调到了美国驻华联络处，之后任中国外交学院副院长、中国驻澳大利亚大使馆参赞兼新闻发言人、中国外交部翻译室副主任、中国驻纳米比亚共和国大使。

她的名字叫任小萍。

从小小的接线员到驻外大使，看起来好像不可思议。而和她一起工作的有那么多接线员，为什么只有她创造了这样的奇迹？

就因为她那份把"分外事"当作"分内事"的责任心态。

同样当接线员，一个电话打进来，一般的接线员可能要临时去翻查大使馆的电话号码本，遇到对方要找自己不熟悉的工作人员，还得一页页、一个个名字去查找，等到把电话转过去，可能一两分钟过去了。要是碰上有什么急事，等电话的人该是什么样的心情？

可任小萍呢，因为对所有工作人员的信息都烂熟于心，电话一打进来，几秒钟就能转过去。

遇到对方不清楚自己的事情该找谁的时候，一般接线员可能用一句礼貌的"对不起，我也不知道，请您查清楚之后再给我们打电话"就把人打发了。而任小萍呢，却因为平时做足了功课，所以能够迅速帮别人找到想要找的人。

如果换了是你往大使馆打电话，你更希望遇到哪一位接线员？你会觉得谁的工作做得更到位？

反过来想想，假如任小萍也和其他接线员一样，把"分内事"和"分外事"分得那么清楚："我拿的就是一份接线员的薪水，干吗要想着比别人做得更好一些"，那她还会努力去把每个工作人员的信息背得滚瓜烂熟、成为人人喜欢的"最火"接线员、最终获得别的接线员做梦也不敢想的机会吗？如果她也是抱着这样的心态，或许，到今天她也只是一个普普通通的接线员。

很多人一边想要有发展、想要在岗位上做到最好，一边却又忍不住时常抱怨：

"连这些事也要我管啊？"

"这根本不在我的工作范围之内！"

"这种事该小张去做，我可不做。"

任何事情都要分分内分外、都要计较一番得失，生怕比别人多做了一点点，好的机会又怎么会轮到你。

将"分外事"当成"分内事"来做，就能获得更多认可，获得更多的回报与机会。

不同的心态，就会导致不一样的结果。

（二）行善可开运

中国传统文化鼓励行善，并有句著名的话："行善可开运。"意思是：只要为他人做好事，就可能带来好运气。

这句话饱含着深刻的哲理，也为无数事实所证明，值得我们在工作和生活中好好重视。

这就要求我们在做工作和抓执行的时候，要有一种"无条件积极"的态度，尽量为人做好事、多做事。

在这方面，海尔集团提供了不少典型。该公司倡导"服务圆满"，执行"带走用户的烦恼，留下海尔的真诚"，往往不计较任何利益地去为人服务，如义务送学生高考、帮客户修非海尔的产品等。

我们且看其中的一个小故事：

一天，哈尔滨黑天鹅家电商场的海尔洗衣机展台前来了一位老大娘，既不问功能，也不问价格，而是直接找到洗衣机直销员孙宇，要在她这里采购海尔产品，为女儿置办嫁妆。

为什么会这样呢？原来，几个月前，天气很冷，老大娘在附近车站等车，冻得受不了了，便来到商场取暖。站在一旁的海尔直销员孙宇见大娘的手冻得通红，就把自己刚倒的一杯热水递了给她。

老大娘当时也没说什么，可是心里永远留下了对海尔的感动和信任。三个多月后，女儿要结婚了，她就来到这里置办嫁妆，并连连夸赞说："海尔人好，产品一定更好！"

这是一个很小的故事，但是不一定每个人都做得来。因为，很多人会想，如果客人到这里来是买自己的产品，对他热情还情有可原，如果只是来商场取暖，为什么还要对他那么好？孙宇把热水递给老大娘，这就不是功利心而是人间最单纯的关怀了。也正因为最单纯，所以更能打动人，也为企业树立了好的形象。

这是一个"无条件积极"的故事，其效果也印证了现代管理学之父彼得·德鲁克的一个著名理念：

"企业存在的目的，不是赚钱，而是创造有效的顾客。利润只是副产品。"

这就是说：你不要把自己的目的紧紧盯在赚钱上，而要把目标盯在真正为人奉献和服务上。只要你做好这两点，就能创造有效的顾客，而利润也就成了副产品了。

利润是副产品，"好运"也是副产品。只要你无条件积极地为他人服务和付出，你就会给人创造更多的惊喜。

你能给人惊喜，命运就会还给你更多的惊喜。

第四章　用手做只能保证"做了"，用心做才能保证"做好"

　　执行有两种状态：一是"用手"，二是"用心"。

　　"用手"只是机械地执行，别人说什么我就做什么；"用心"则会全心投入，不只是简单地动手，而是时时想着为何要做，如何才能做得更好，并付诸行动。

　　用手做只能停留在"做了"的层面，只有用心，才能保证做好。

　　一、多一份关心，多一份责任。

　　二、多一份热心，多一份机会。

　　三、多一份细心，多一份出色。

一、多一份关心，多一份责任

我们都有这样的体验：

对于自己关心的事，我们会时刻惦记，用心琢磨。反过来，如果是对自己不关心的事，哪怕它天天都在你眼皮底下出现，你还是会视而不见。

做执行的时候也是一样，只有时刻关心与本职工作有关的事、公司的事、客户的事，你才会用心做好。

关心还是不关心，所体现的结果是完全不同的。

（一）不关心，执行大打折扣

在一次交流中，北京一位学者给我们讲述了这样一个故事。

有一次，他让助理尽快给一位电视台的记者寄一套他的光盘，因为记者所在的频道刚刚推出一个新栏目，主题和他光盘的讲座很相符，希望将他的光盘在节目里每星期播一次，一共播两个月。

这当然是好事。然而三天后，这位记者给他打来电话，问光盘怎么还没到？这是怎么回事？寄的是特快专递，就算是外地，三天也早就该到了。他赶紧让助理去查，结果才发现，助理一看光盘挺多，又比较重，于是自作主张，寄了包裹快递，大约得一个星期才能送到。

这下麻烦了，节目本来定在一个星期后播出，这样一来，根本就来不及了。他的节目往后延一延倒还好说，最重要的是这位记者朋友的栏目一下子出现了空档，不得不临时找专家，费了很大的周折，才把问题解决。

之后，这位学者严厉批评了这位助理，没有料到，这位助理还委屈地申辩："我这么做，只是想为你多省一点钱……"

这个故事，就是典型的执行中不用心工作的故事。这位助理的做法，犯了如下错误：

第一，抓执行，首先要明确这次任务的目的，以及有什么条件要求。既然是电视台临时要播节目，又要得急，那么就应该以最快的速度寄去。但是，这位助理对这些都没有关心，就把它当成一个简单的邮递工作去做了。

第二，拿不准的事情要主动问。如果是一个合格的执行者，可能会关心寄去的东西要做什么用，对方什么时候用？如果多问一句，就不会耽误事情。但是这个助理竟然不问安排她做这件工作的目的，而是自作主张地按一般邮件寄走了。看起来她是为了省钱，但实际上是聪明反被聪明误。

第三，执行要有系统思维，这位助理的做法就是明显地缺乏系统思维，只看到一点，不考虑其他因素。

第四，出现了问题，就应该认错，但她却忙于申辩。看起来就是一个不愿承担责任的人。

从这个故事可以看出，这位助理对自己的工作和要完成的任务，都是漫不经心的。她缺乏一个优秀执行者对工作的基本热心，自然也就缺乏那份该有的责任了。

成功的执行者，对工作都充满热情。他们会找到这份工作的意义，并充满热情地去把每一件事情做好。

（二）越关心，越能承担责任

在《白求恩传》里，记录了这样一段往事：

著名的白求恩医生在抗日战争爆发时，来到了中国，担任救治工作。

1938 年 11 月，白求恩率领医疗队到达涞源北面的转岭口，也就是三五九旅旅长王震的司令部所在地。因为战争激烈，伤亡惨重，一连几天，伤员络绎不绝地从前线送往这里救治。

白求恩早早把手术室准备好了，但当第一批 30 多名伤员被抬进来的时候，他刚一检查，马上气得脸都白了。

他立即把所有担架员都叫了进来，然后怒气冲天地冲他们说道："这些伤员从火线到这儿路上已经走了三天。自从团部的军医给他们上过药以后，他们中间没有一个人得到任何照顾。为什么？为什么连一条绷带也没有换过？难道你们以为你们的任务就只是把这些伤员抬来，好像他们是行李似的吗？你们是医务工作人员，不是骡子！"

看到白求恩发这么大的脾气，大家都吓坏了，其中有一个人小声解释说，路上没有休息站，也没有救护队……

白求恩立即说：

"这不能成为理由！没有休息站，事先就应该考虑设几个。没有绷带，就应该用你们身上的衬衫。"

白求恩随后就安排了通讯员把王震旅长找来，谈到了伤员一连三天无人照料的情况，指出那些本来可以避免的感染，那些没有及时治疗的轻伤，以及两名由于用止血器后欠照料而生了坏疽的伤员。

经过商讨之后，他们决定在前线与后方之间的村子里设立一系列救护站。站上有卫生工作人员和器械给向后方运送的伤员进行初步治疗。这样一来，就大大减少了死亡率。

为什么一连三天，担架员都没有照顾一下伤员，只是像运送行李一样把伤员送到救护站，而没想过伤员会不会疼痛，要不要包扎，会不会感染？

因为他们没有真正把自己的心和伤员连起来，没有做到感同身受，自然就没有那份责任感，甚至还会找理由给自己开脱。

而白求恩医生则恰恰相反，他把所有的心思都扑在了病人身上，一切都从怎么样对病人的救治有利出发，自然就会有强烈的责任感。

有了这种责任感，那么就会想尽一切办法，就像他说的那样，没有休息站，就临时凑几个出来；没有绷带，可以用自己身上的衬衫。正是有了这种责任感，他才会想尽一切办法，通过自己的努力，将前后方之间的救护站建立起来。

如果我们在工作中，也能像白求恩一样，那么没有什么执行是做不好的。

二、多一份热心，多一份机会

用心还表现在对工作的热心上，往往多一份热心，就会多一份机会。

（一）你对单位的事热心，单位也会对你的发展热心

我们为中央电视台十大广告代理商之一的某家企业进行培训，在谈到如何成为单位最受欢迎的人时，该公司的总裁讲述了这样一个故事：

小张和小林同时来公司上班，在三个月的试用期间，两人表现不一样。小张不仅提前通过了试用期，还得到了领导的重视。而同学小林却因为一直表现平平，最终被公司放弃。

同样的工作，为什么小张却得到了领导的赏识呢？

刚进公司时，因为对业务不熟悉，领导就安排他们俩看以前的策

划方案以及相关书籍。

这样一来，时间往往有空余。没什么事情可做，小林觉得这跟自己进公司的设想差得太远，不禁有些消极，整天无精打采，颇有点怀才不遇的感觉。

小张则恰恰相反，看到好的方案，他都会做记录，写感想，并且向前辈们虚心请教，同时做到眼中有事，一看领导或者同事忙不过来，就主动替他们打打杂。

有一天下班后，小张和几个同事出去吃饭，吃完之后快到宿舍门口了，却突然下起了大雨。

这时候，小张突然想起了什么，转身就往办公室跑，大家都不知道他去干什么。原来，他突然想起在下班之前领导让他把第二天会议的材料提前放到了会议室，而下班后，他无意中抬头时，发现会议室的窗户没有关，大概是管会议室的大姐忘记了。如果资料被淋湿就麻烦了。

因为经常给大家跑腿，所以会议室的钥匙他也有一把。进去之后，他立即关上窗户，并找来一块干净的抹布将已经有点湿的资料擦干，全然没有留意到自己的衣服都湿透了。

就在小张整理资料的时候，老总恰好从门口经过，了解了事情的原委之后，老总点了点头，没有说什么就走了。

第二天，小张就接到提前通过实习期的通知，并被安排到老总手下工作。

我们都有从实习到正式工作的经历，也许很少有人会在实习期得到领导的格外重视，因为大多数人会像小林一样宁愿闲坐也不愿意为公司多做点什么。

可能有人会想：又不是自己的公司，那么热心干什么？但同样的道理，既然你对公司的事不热心，那凭什么公司要对你的发展热心？

（二）冷漠毁掉机会，热心赢得机会

我们来看两个对比鲜明的案例。

我们单位有个同事，不久前乔迁新居，他想将老家年迈的父母接来一起住，想给父母买一台质量好、清晰度高的液晶电视。

为此，他特意去了位于北京市北太平庄的一家著名电器城，正当他为到底挑选哪种品牌的电视犹豫不决时，一位销售员非常热情地向他推荐了某款日本著名品牌的液晶电视。为了能够成交，销售员特别强调：

"这款产品原价要 1.3 万元，现在正搞优惠活动，我可以给你最低价，只要 9 800 元……"

同事一听，价格确实比较便宜，何况又是名牌，应该没问题，于是就买下了。

没想到的是，电视买回去之后，他发现效果很不好，甚至比不上普通的彩电。于是他立即返回了趟电器城，找到那位销售员要求退换，谁知销售员却对他说：

"是不是你们小区的视频信号不好啊？液晶电视对信号要求很高，如果视频信号效果不好，液晶电视的效果有可能比一般电视效果还差。"

同事很吃惊，于是问他：

"既然是这样，你为什么不在买的时候告诉我？"

销售员却说：

"你又没问我，我怎么告诉你？"

而且同事还发现他买的那款液晶电视，现在标价都是 9800 元。于是问销售员："你不是说给我的是最低价吗？"

销售员却说：

"正好第二天就全面调价了。我也没有骗你啊。"

结果，无论同事怎么解释，销售员都坚决不同意退换，理由是："电视没有质量问题，所以不能退换。"

交涉不成，于是同事向电器城的投诉部投诉，没想到得到的却是同样的答复。最后，同事提出用同样的价钱买一台同一品牌的非液晶电视，仍然遭到了拒绝。

从那以后，只要听到谁要去买电器，同事都会讲述自己的这段经历，并一再叮嘱别人千万不要去那家电器城买那个品牌的电器。

同样是卖液晶电视，而海尔的一位直销员的做法却截然不同，而效果也有天壤之别。

这位直销员叫聂颖。在海尔的销售系统中，流传着他"让卖出的彩电'儿孙满堂'"的故事：

一天，两位年过花甲的老人走进了北京大中电器中塔店彩电展区。因为衣着朴素，别的品牌的直销员都觉得他们没有购买能力，所以态度冷淡。而海尔的直销员聂颖却热情地将他们迎进了海尔彩电的展区。

聂颖耐心而详细地向老人演示和介绍产品的功能，为了怕老人听不明白，一个功能点，聂颖往往要讲上两三遍。听到老人说有点渴，聂颖又赶紧去买来绿茶给老人……

老人并没有当即买彩电，但临走时却告诉聂颖，周末的时候他们会让儿子陪他们来买彩电。聂颖热情地送走了两位老人。

周末的时候，老人果真在儿子的陪同下来到了海尔彩电展区，并找聂颖买下了一台液晶电视。

考虑到两位老人行动不方便，儿子又要出差，于是聂颖便和售后人员一起到老人家中进行安装。

调试后，聂颖发现电视演示效果不是很好，于是他主动买来了高清线，可换上后信号仍旧有问题，聂颖又打通了有线电视的服务电话，请他们上门进行调试，原来是有线信号没有调试好。信号调试好后，效果马上好了！

过了几天，老人的儿子又来到了大中电器中塔店说："电视效果很好，我再来买一台！"于是，一台37寸的液晶电视又被买走了。

一周后，老人的孙子又找到了聂颖，为自己所在的公司采购了十几台液晶电视；一个月后，老人孙子的女朋友也来找聂颖，帮朋友的公司买了近二十万元的电视……

就因为聂颖真诚的服务，这家人给聂颖带来了一连串订单！

对此，聂颖说："对于我们直销员来说，我的'单'就是要卖出产品，但这还远远不够！只有处处为顾客着想，才能真正赢得顾客的心！"

同事买彩电的遭遇，和海尔直销员用心服务的故事相对比，谁做得更好，谁更让人满意，一目了然。

对于卖给同事液晶彩电的那家电器城和销售员来说，产品是卖出去了，但是他强调的只是自己的利益，而根本不顾客户的利益，这实际上就是为他们单位"砸牌子"，客户会把这次不愉快的经历到处去讲，听过他这段经历的人，也会受他的影响，不会再去那家电器城买那个品牌的产品，结果会导致更多的机会流失。

而聂颖的故事却恰好相反，因为处处注重服务的圆满，时时为客户着想，耐心细致地为客户解决问题，因此不仅将液晶电视卖出去了，而且卖出了"儿孙满堂"的效果。更重要的是，因为有这样的美好故事口口相传，一定会给海尔的品牌增光，创造更多的机会。

三、多一份细心，多一份出色

我们都希望做事能够出色，那么出色从哪里来？出色来自更高的要求，而落实到行动上，往往来自于细心，每一个细节都考虑到了，自然就更出色。

（一）小事不小，出色体现在细节之中

我们来看看华为公司的客户经理张豪是怎么做的。

有一次，张豪负责陪同某运营商的老总等一行人来考察，吃饭的时候，客户发现他对饭店周围的情况很熟悉，于是问他是不是经常到这里吃饭。

但张豪的回答却出乎所有人的意料，为了定这家饭店，他特意提前过来，对周边的路况和饭店的环境都进行了实地考察，觉得满意之后，才定下来的。

这让客户感到非常开心。

在考察结束的前一天，张豪在早餐时向大家提议说，今天是主任的生日，所以自己希望晚上请大家一起为主任庆祝生日。

这让客户一听，既感动又很吃惊，不禁问他："我们只是第一次见面，你怎么知道今天是我的生日？"

张豪笑着回答说："我在换登机牌的时候，留意了一下每个人的身份证，所以知道今天是您的生日。"

当天晚上，张豪为客户精心准备了一个生日晚会。

张豪的细心，深深打动了客户，从那以后，这家运营商成了华为的忠实客户。

张豪曾获得华为市场部金牌"第一名"的称号。

可以说，这家运营商之所以能够成为华为的忠实客户，这和张豪的那份细心是分不开的。

一般人接待客户吃饭，可能只会考虑饭店够不够档次，但张豪考虑的不仅仅是环境好不好，服务到不到位，还考虑到了周边的情况，道路是不是通畅，路上会不会堵车。

可别小看了这些因素，如果去吃一顿饭，路上堵一个小时的车，可能就会大大影响客户的心情，虽然他们嘴上不说，但心里说不定会抱怨。

做到这些是不是就够了呢？不仅如此，张豪还提前去踩点，实地考察。这样的细心，客户怎能不感动？

另外，很多人都有过给客户换登机牌的经历，但又有几个人能像张豪那样，留意每一位客户的身份证，注意别人的生日呢？

不仅是对待客户，其实做所有的工作，都需要细心，会计不细心，多加一个零，可能就会造成很大的损失；秘书不细心，一个重要的电话没有转达，可能就会失去一个客户。

只要每一点工作都像张豪那样细心，执行自然就会更出色。

（二）越细心，越能打造竞争力

假如你是一位新闻记者，奉命去拍摄一位知名公众人物因触犯法律而被庭审判决的过程，你会怎么做？

你是不是也会像大多数记者一样，挤在法庭上，从这位人物出现的那一刻起，就不停地闪着镁光灯，直到拍下整个过程？

这样做有什么不妥吗？

也没什么不妥，你拍出来的照片，毫无疑问也会刊登在媒体上，甚至还是比较重要的位置。

但它能让人记住吗？

未必，充其量它也不过是成百上千类似照片中的一张而已。

但有一个人，却偏偏将这样一张照片拍得独树一帜，让人过目不忘。他就是美联社的越南华裔记者黄幼公。

2007年6月，美国当红女艺人、希尔顿饭店的继承人帕丽斯·希尔顿因为酒后驾车被判入狱。

因为作风大胆、性格叛逆，加上又在演艺圈，身世背景又十分显赫，希尔顿一直是备受关注的"话题人物"，而她这次被判入狱，无疑成了当时最轰动的新闻。

庭审当天，世界各大媒体的记者蜂拥而至，云集在法庭上，第一时间记录下当时的情景。

就在同行们不停地按着快门，生怕漏掉一个镜头的时候，黄幼公却在想着这样一个问题：和几百名记者在同一个场合拍同样的画面，又有多大的意义呢？

细心的他判断，以希尔顿的性格，在法庭上一定会表现得很坚强，甚至有点无所谓，决不会显示出自己脆弱的一面。

于是他决定另辟蹊径，守在法庭外的警车前，因为他知道，一旦希尔顿被判有罪，必然会被带上警车。

一切都和他预料的一样。他拍到了希尔顿被带上警车的一刹那，痛哭流涕的画面。

而这张照片，被全球摄影界公认为这一事件报道中拍摄得最出色的作品。

其实，早在三十几年前黄幼公刚刚入行的时候，就已经用这样的方法一举成名。

当年，才21岁的他被美联社西贡分社派去越南展鹏县——当时南北越交火最频繁的区域采访。那是 1972 年，越南战争接近尾声。

快到目的地时，他看见前方有一架战斗机俯冲下来，丢下的汽油炸弹爆炸了，四处燃烧。不一会儿，一群逃难者迎面跑来，其中有一个小女孩身上的衣服被烧成碎片，她大喊着"太烫了，太烫了"，赤身裸体地向前奔跑。

当时跟黄幼公站在一起的有好几个摄影师，《时代》著名记者伯内特也在，但只有黄幼公拍到了照片，因为在那之前，他们遇到了一个母亲，抱着自己被炸死的孩子痛哭，那几位摄影师为了拍摄这位母亲，把胶卷都用光了，只有黄幼公为了等待更好的素材，没有过多拍摄，所以相机里还有胶卷，他拿起自己随身携带的徕卡相机就拍下了这个画面。

凭借这张在战火中赤身奔跑的小女孩的照片，黄幼公获得了 1973 年美国普利策新闻摄影奖和当年的世界新闻摄影比赛大奖。

同样的职业，在相同的地点采访同样的事件、同样的人物，在外在条件相同的情况下，为什么唯有黄幼公捕捉到了最精彩的画面，拍出了与众不同、让人无法忘记的画面呢？

如果不是那份细心，或许再好的机会摆在面前，我们也不会发现，更不可能让自己在众人中显得那样出色。

所以，要确保做事的质量，一定要细心。怎么细心呢？

第一，细心理解，比如在接受任务和与人沟通时，你是否理解了别人的意思？

第二，细心琢磨，比如怎么才能把这件事情做好？有什么最好的办法？怎么做到"人无我有，人有我优"？

第三，细心检查，比如千万不要因为粗心而遗漏了什么。不放过任何一个细节。有疑问的时候，要再三检查、核实和确认，直到找到原因和答案为止。

第二单元 抓而不紧，等于不抓

（最好的执行者怎样做事）

执行要把工作做实，也要紧抓落实，如果是松松垮垮地抓，一定不会有什么结果。

如毛泽东所言："抓而不紧，等于不抓。"也正如习近平所指出："关键在于落实。"

一流的执行者，都会在"实"字上下功夫：干实事、出实招、见实效。把工作做实了，把落实抓紧了，就容易产生好的执行效果。

第一章 接受任务不走样

第二章 执行任务不打折

第三章 四招消灭"想当然"

第四章 能表硬态，更能打硬仗

第五章 强化结果思维，确保执行到位

第六章 执行要用手，更要用脑

第七章 彻底告别"差不多先生"

第一章　接受任务不走样

我们经常会看到这样的场景：

一边是怒气冲冲的上级："怎么搞的？我不是明明交代过了吗，为什么你做的完全不是我想要的？"

一边是委屈不已的下级："我明明就是按你的要求去做的啊，怎么就不对呢？"

双方看上去似乎各有各的道理，那么到底哪里出了问题，导致执行的结果不到位？

非常重要的一点，就是接受任务的时候走样了。

我们经常看到这样一类人，领导布置任务的时候，他似乎听得很认真，记得也很仔细，看上去听明白了，但实际上根本没有理解上级的意图，然后就匆匆忙忙开始执行，结果自然就会出现偏差或者大打折扣。

作为一个优秀的执行者，首先要做到接受任务不走样，百分之百理解任务有关内容，这样才能保证执行的最好结果。

一、越能体会上级意图，执行越不走样。

二、要做好事情，先管好表情。

三、以复述和确认保证不走样。

一、越能体会上级意图，执行越不走样

（一）准确体会上级意图，是执行到位的基础

要想执行不走样，接到任务之后，首先要想一想，领导让我做这件事的意图是什么？否则就很容易出现偏差，甚至是领导想东自己做西，执行出来的结果完全不是那么回事。

小乔在一家培训机构当文秘，一天，领导交给她一项任务：从一家著名的网上书城订购 150 本书，并且特别叮嘱她就从那家网站订购。

她了解到，因为过几天公司要给一家企业做培训，这 150 本书要作为企业培训的教材一起带过去。

小乔打电话到了那家购书网站，结果对方说库存不够，要等一个星期才能发货。

小乔想，书都是一样的，从哪里买不是买呢？何必非得从那家网站买呢？于是她另外找了一家网站把书买到了，不仅送书时间早，折扣还更优惠。

为此，小乔还挺得意，可让她没想到的是，书送到的时候，领导发现书不是从那家购书网站买的，当场就严厉批评了她。

领导说："我不是特意告诉你要从那家网站订购吗，你为什么要自作主张？"

小乔一听很委屈，自己明明是好心，并且已经完成了任务，怎么反而挨了批评呢？

原来，领导要她在那家著名的图书网站订，是因为该网站的畅销图书排行榜，对整个图书发行有较大的示范效应。

领导之所以让小乔从那家网站上订购，是为了增加这本书进入排

行榜的机会，给这位老师以一定的支持。如果在该网站买这位老师的书，就能让他的书进入销售排行榜。小乔没有领会到这点，尽管书是买了，但达不到领导预期的效果，这就难怪领导生气了。

也许我们会觉得，要完成这个任务，明明还有很多种方法，何必非得按照领导交待的那个方法去做呢？只要能完成任务就行了，用不着太死板。

这在某种程度上说并没有错，很多时候，执行的确需要灵活性，但它有一个前提，那就是灵活性必须建立在充分领会领导意图的基础上。

很多时候，领导的安排肯定有他的用意，遇到不明白的地方，不妨问一问，特别是需要改变领导决定的时候，千万不要自己"想当然"地自作主张，而要懂得及时请示领导。

否则就会像小乔一样，费力不讨好。

作为一名最好的执行者，对领导明确安排的事情，要充分理解、不折不扣地执行，就算是领导没有明确说出来的事情，也需要站在上级的角度多想一想，自己如何才能做得更好。

我们来看《军事文摘》上记载的陈毅元帅的一个小故事：

1949年9月的一天，时任上海市市长的陈毅到北京参加全国政协会议。由于住房十分紧张，他主动从装修豪华的北京饭店搬出来，把房子让给了响应共产党"停止内战，和平统一"主张率部和平起义的国民党将军傅作义，自己则住进了陈旧的小平房。后来他还代表上海市，赠给傅作义两辆名牌小汽车。

这件事在上海的部队中引起了很大反响，许多人心里不服，议论纷纷，说什么"对这些大战犯，不杀就便宜他们了，凭什么还要让房子、送汽车给他们？"

陈毅听到后，虽然十分生气，但还是很耐心地做大家的思想工作。

在一次会议上，他说：

"同志们，我的老兄老弟们，你们的情绪我理解，但要我陈毅怎么讲你们才懂嘛！我陈毅住不住北京饭店，对我都没啥子影响，我照样正常开会，照样还是上海市市长嘛！但是让给傅先生住，意义就不一样了。你们知道不知道，傅先生到电台讲了半小时话，长沙那边就起义两个军，为我军减少了多少伤亡？他的贡献恐怕不只几部小汽车喽！让傅先生住北京饭店，有了小汽车，他就会感受到我们党和政府的温暖，知道共产党是真心要交朋友的。"

说到激动处，他用指节"咚咚咚"地敲着桌子："我把北京饭店让给你们住，再送你们10部小汽车，你们谁能起义两个军？"

一番话顿时让大家明白了陈毅的良苦用心，思想一下就通了。

当时中央的意图是尽可能团结人，尤其是对投诚起义的人，要格外重视。陈毅的做法无疑是最能体现中央意图的，而那些心里不服气的人则恰恰相反，他们只看到表面现象，不懂得从全局出发看到深层次的原因，如果不是陈毅做了思想工作，说不定还会造成不良影响。

作为上级，不可能把每件事的意图都向下属解释得一清二楚。作为一名优秀的执行者，必须多想、多问。越能体会上级的意图，执行起来才越不会走样。

（二）别因任务交代得模糊导致执行走样

交代任务需要明确，越精准越好。但是，有时候领导安排任务的时候，并没有那么细致，甚至还有些模糊。这时候，如果仅凭自己的感觉和猜测去执行，是很容易出问题的。

曾经热播的电视连续剧《康熙王朝》中，有这样一个情节：

康熙年少时微服出游，结识了伍次友和明珠两人。伍次友才华横溢，对天下大事看得一清二楚，可偏偏看不清身边的人，不知道身边的这位学生竟然是当今皇上。而明珠恰恰与他相反，虽对天下大事未必了解，可却善于揣摩别人的心思，很快就弄懂了他就是当今皇上。

康熙除鳌拜后，想请伍次友和明珠入朝为官，明珠惊喜万分地答应了，而伍次友却拒绝了康熙的旨意。

对送上门来的官位都不要，这是为什么？

因为在伍次友看来，高官厚禄远没有闲云野鹤的乡野生活对他更有吸引力。

无法将伍次友这样有才华的人收为己用，康熙自然觉得遗憾，于是忍不住感慨了一句："看来以后天下要有两个太阳了，我是宫中的，他是民间的。"

站在一旁的明珠听了，若有所思。

康熙又转头对明珠说了一句：

"明珠，你知道该怎么做吧！"

明珠沉吟一下说："臣知道。"然后转身就走了。

明珠刚一出门，侍候康熙的宫女苏麻突然醒悟过来，惊骇地问道：

"皇上，您是要让明珠去杀伍次友吗？"

康熙一怔，说没有啊。

苏麻急得直跺脚：

"恐怕明珠会错意了！"

康熙急忙召回明珠，一问之下，果然是这样，明珠以为皇上是让他去杀了伍次友。

康熙问他为什么会这么想，明珠回答说："皇上不是感慨说'看来以后天下要有两个太阳了'，臣以为'天无二日，民无二主'，所以……"

幸亏宫女及时提醒，否则就可能铸成大错，让伍次友白白送了性命，搞不好明珠也会因此丢了官职，甚至招来杀身之祸。

看上去，皇上似乎表达得很清楚了，而明珠也好像领会了皇上的意图，但实际上明珠理解的和皇上要表达的完全是两个意思。

别以为这样的例子离我们太远，虽然我们在工作中不可能因为领会错一句话而有生死之忧，可仔细想想，类似的错误我们是不是也经常在犯？

在接到一项任务的时候，还没有明白为什么要做、应该怎么去做，也不去问清楚，就开始按照自己的想法动手去做。这样，在接受任务的时候就已经走样了，结果又怎么可能正确？

在净雅集团的一次企业文化课上，企业文化讲师高崇老师就让学员们生动地领悟到接受任务不走样的重要性。

高老师请一位学员去一楼的办公室把他抽屉里的笔记本拿来，那个学员一听，就"呼"地从五楼跑到一楼，可是不一会儿，他空着手回来了。

原来每个抽屉里都有笔记本，他不知道高老师要的是哪一本。

高老师笑了笑，告诉他是第二层抽屉里黑色的笔记本。

那位学员又"呼"地冲去一楼，结果上来的时候却拿了三个黑色笔记本。他气喘吁吁地告诉高老师，因为第二层抽屉里有三个黑色本子，他不知道高老师到底是要哪一本，就只好都拿上来了，让高老师自己挑。

学员们都被他那无可奈何的样子逗笑了。

其实这是高老师特意设计的一个实验。

如果他一开始就跟那位学员交待清楚，要拿的是"办公桌右侧第二层抽屉里，写着'净雅企业文化'的黑色笔记本"，或者那位学员能主动问一下，是要拿什么样的本子，是放在什么位置的，那么学员也就不用跑两趟了。

当然，取笔记本只是件小事，可能还不需要多么重视，但是同样的道理却可以运用在其他工作中。

对于领导来说，千万不要觉得自己说过了，就等同于下级理解了。

往往因为下面几种原因，导致下属在接受任务的时候发生走样：

（1）听了，不一定听到了。

也许他听的时候正好在走神。

（2）听到了，不等于听清了。

也许因为你表达不到位，他根本没听清楚。

（3）听清了，不等于理解了。

也许他并不知道为什么要这么做，甚至对此他还有自己不同的理解。

（4）理解了，不等于认可了。

或许你认为很重要，而他根据自己的经验觉得不重要，甚至不值得去做。

（5）认可了，不等于会去做和做好。

或许他认为拖一拖再做、以后再做也没关系。或许他去做，但未必会按你期望的标准去完成。

所以，上级在布置任务的时候，一定要确认下属已经理解，并以一个好的态度去执行。

作为下级，为了在接受任务的时候不走样，应该做到以下几点：

（1）养成随时带上笔记本记录的习惯。

再好的记性，光凭脑袋记，还是会有遗漏，尤其是任务的内容比较多的时候，一定要带上笔记本，逐条记录下来。

（2）不理解的地方，一定要问明白，不要糊里糊涂就去做。

有些人在接受任务时，即使没听清楚也不愿意问，有的可能是对上级有畏惧的心理，不敢问；有的是怕问了，会让上级觉得自己怎么那么笨，连这么简单的事情都理解不了，因此对自己产生不好的印象。

但作为一个执行者，你有把事情做好的责任。与其等到最后做错了、造成损失了、要返工了再来后悔，不如第一时间就弄清楚，做到位。

二、要做好事情，先管好表情

或许有人要问：管理好表情跟接受任务不走样有什么关系？

不仅有关系，而且关系还非常密切。

（一）领导最不喜欢的下级表情

通过多年给管理者做培训，我总结出了管理者们布置任务时，最不喜欢的几种下属：

第一种：心不在焉型。

你说你的，他想他的。交代完了你让他复述一遍，他说的和你交代的总是相差一大截。

第二种：木头型。

要么目光呆滞，没有表情，要么就是自始至终低着头，一言不发。你不知道他是听到还是没听到，是听懂了还是没听懂。

这是格外普遍的一种情况。在我们为北京市顺义电视台做培训时，一位副台长明确指出："我在安排任务时，最不喜欢的下级表情，就是没有表情。"

这点格外值得大家重视。

第三种：不耐烦型。

皱眉、撇嘴、叹气、坐立不安，不停地将笔在手指间转来转去，一看就是对任务不认同，没耐心。

第四种：不高兴型。

把不愉快挂在脸上。

第五种：对抗型。

任务还没布置完，他就已经开始说不同的意见，甚至是争辩，你才说一句，他要辩解十句。

第六种：一碰就炸型。

凡是不合他心意的，他就会立即爆发。甚至每次你要跟他说话，都要鼓足勇气。

毫无疑问，带着这些表情去接受任务，心理上一定带有很大的抵触情绪，这样一来，怎么可能完全理解任务？说不定一大半内容都因为自己的情绪漏掉了，结果走样也是必然的。

我们可以换位思考一下，如果你是上级，你喜不喜欢有这些表情的下级？

可惜的是，在工作中，管不好自己表情的大有人在，且看这样一个场景：

经理说："小张，给服装厂做的那份广告策划周五下班之前一定要交上来。"

小张一脸不耐烦，说："知道了，你没看到我正忙着做吗？不会耽误事的。"

经理很不高兴："我不过是提醒你抓紧时间，你居然用这种口气回答，那下次我到底还能不能吩咐你做事？"

因为一个表情，小张可能就会丧失很多机会，因为经理会想：到底你是领导还是我是领导？难道我还要看你的脸色行事？就算你能力不错，但别人也不比你差，以后如果有机会，我为什么不给那些沟通顺畅、让我心情愉悦的人，而非得给你？

其实，如果小张可以微笑着回答："知道了，经理。我这会正在忙这事，保证会按时完成的，您放心。"

这样一来，那效果就完全不一样了。

（二）打造一张好的"执行脸"

既然是执行者，就一定要有一张合格的"执行脸"。

什么是"执行脸"？也就是表情温和，显得专注、认真，不时微笑，时刻注意给予上级积极的反馈。

具体做法是，当上司交代任务或是提出意见的时候，最好的执行者应该是这样的表情：

（1）时常抬头，用目光专注地注视对方，表示自己在积极倾听。

（2）保持微笑。

（3）有条件的话要同时做记录。

（4）积极回应。

可以不时地用身体语言和口头语言给对方回应，形成良好的互动。身体语言如点头，口头语言如"好的""我明白了""没问题""我会做的"，表示自己听到了、听进去了、接受了。

当然，如果有不理解的，可以说：

"对于这一点，我不是很理解，能不能请您再解释一下。"

如果有不同的意见，也可以用温和的语气与领导交流：

"关于这一点，您有没有考虑到另一要素？……"

这样上司也会感觉受到尊重，愿意把任务交代得详细些，或是把意见说得更深入些，这都是对执行者做事很有帮助的。

可能有人会不以为然，甚至觉得：

"不就因为我是下属才这么要求我吗？要是我当了领导，看谁敢这么要求我。"

其实这种心理是不对的，不要说是你，任何人，只要选择了职场，也就是选择了被要求，都要遵守职场的共同规则。管好自己的表情，跟自己是上级还是下级并没有关系，这是对每一个职场人士最基本的职业素养要求。

三、以复述和确认保证不走样

要想接受任务不走样，还有一点非常重要，那就是学会复述和确认。

（一）掌握复述和确认的 4 大要点

第一，接受任务时，最好带好本子和笔。

好记性不如烂笔头，把任务记在本子上，可以避免遗忘或者出现理解偏差。

记录的要点主要包括：要做什么？谁来做？什么时候完成？怎么做？目标是什么？

第二，总结要点，并且以"一、二、三"的方式复述。

很多人在总结和复述的时候，不注意条理，只会说"这个任务我要做这个，还有……然后……然后……"，然后来然后去，思维就变得混乱，自己脑子里先成了一锅粥，听的人也是云里雾里，一片迷糊。

所以，在总结复述的时候，一定不要说类似"然后"这样的话，而是必须用"一、二、三"逐条列举，这是让自己思维不乱的最好方法，不仅说的人条理清楚，要做到哪几点一目了然，听的人也会觉得很清楚。

第三，复述之后，向对方核实："我复述的几点是否涵盖了您要表达的意思？有没有遗漏的地方？或者还有没有补充？"

第四，得到对方的基本确认之后，再进一步将任务中概念模糊和容易出错的地方再三确认。

比如，对方说"尽快"，那就要问清楚到底是何时。

我们以下面的案例来分析这几个要点：

公司的新产品就要上市了，老总决定召开一次新闻发布会，这个任务就交给公关部完成。

公关部的刘经理一边听总经理交代任务，一边在笔记本上做记录。

等总经理讲完后，她说："老总，根据您刚才所说的，我一共整理出了5条，分别是：

（1）我们这次发布会的目的是要宣传公司的新产品。

（2）发布会举行的时间定在一周后。

（3）发布会邀请的嘉宾是本市有关领导、本行业有名望的专家和有影响力的电视台、报社的记者，其中领导共5位，名单是……专家共8位，名单是……电视台共5家，分别是……报社共30家，分别是……争取至少20家媒体能关于本次发布会的新闻，其中，至少10家媒体要在显要位置刊登，且不少于1 000字。

（4）发布会举办的地点在××大酒店，时间是上午9:00—11:30，午餐也定在该酒店。

（5）给您准备一份10分钟左右的讲演稿，同时，给新闻媒体准备的资料有两份，一份是新闻通稿，一份是新产品的介绍。

············

您看我理解得正确吗？还有没有遗漏或者需要补充的地方？"

总经理同意了其中的 4 条，但把发布会举办的时间，纠正为"上午 9:30—11:30"，刘经理点点头，轻声道歉，之后她复述了这个变动，随后问："请问您还有什么补充的吗？"

总经理说没有什么补充，刘经理就告别总经理准备返回。刚要出门，总经理又把她叫住："你们把新闻发布会的通稿起草一下，尽快发给我。"

刘经理赶紧站住，因为她拿不准"尽快"是什么概念，于是就说："好的。请问您什么时候要？"

"明天上班时给我吧！"

"好的，我们今天就准备好，明天您上班时就给您！"

从这个案例中我们可以看到，刘经理非常好地抓住了复述和确认的有关要点。这样一来，之后执行任务就不容易出偏差了。

第二章　执行任务不打折

对最好的执行者而言，一旦接受了任务，就意味着自己已经做出了庄严的承诺，就必须完成任务，不打任何折扣。

那么，他就应该立即进入执行状态，改"尽快"为"马上"。无论遇到什么困难，不达目标誓不休，而且还要以尽善尽美的态度，务必圆满完成任务。

一、马上能执行，决不拖延。

二、目标不达成，决不放弃。

三、执行不圆满，决不满足。

一、马上能执行，决不拖延

这里强调的是执行的速度，一定要战胜"拖延症"。

（一）现在不做等于永远不做

很多时候，一件工作能不能立即做，一件任务能不能马上执行，真有天壤之别。如果晚一点做，失去时效，哪怕做了，也等于没有做。

原泰州市人民政府副秘书长、市信访局党组书记、信访局局长张云泉，是一个对工作很负责的干部。他的工作作风是："决不拖延，决不推诿，立即就办。"这样的做法不仅能给群众解决问题，而且有时还能挽救生命。

在他帮助协调解决问题的群众中，有位农民叫李庆余，其独生子打工时不幸因煤气泄漏事件中毒身亡，巨大的悲痛使他一夜之间白了头。

有一天，李庆余的老伴因悲伤过度，昏倒在阳台上，跌断了手臂。一直协调处理这件事的张云泉，听说这个消息，一刻都不耽搁，立即赶往李庆余的家中，看过两位老人并明确表态：

"请你们放心，只要共产党存在一天，就保证你们有饭吃，有衣穿，有人管，让你们享受人世间的温暖！"

之后，张云泉想了许多办法，终于帮助他们解决了问题，让两位老人老有所靠，还生活得比较舒适。

事后，张云泉得到了两位老人的多次感谢，在与老人的聊天过程中，他得知了一个意想不到的情况：就在他赶到老人家看望他们的前两天，老人曾买了一瓶敌敌畏，准备自杀。但是看到张云泉及时看望他们并听了他的明确表态后，当天晚上，老两口就悄悄扔掉了敌敌畏，因为张云泉让他们重新看到了生活的希望。

真是好险啊！

我们曾经在中共中央直属机关进行有关培训时，与一些干部分享过这个故事。我们清楚记得，不少人在听到这个故事时，心灵所受到的震撼。一位工作两年的青年干部说："晚去一点，可能就是两条人命了。做工作，抓执行，不及时不行啊！"

当然，像这种晚去一点就有可能闹出人命来的事情毕竟不多，但在工作中，因为不能及时执行，导致事情耽误的情况比比皆是，很多做市场业务工作的人，都知道这样一句话："一推就糟，一拖就黄"，讲的就是拖延造成的不好后果。

至于因为不能及时处理问题，导致事故发生的情况，也并不少见。

如前几年在上海发生的"11·15"居民楼火灾事件，不幸遇难的人员达50多人。其实，其隐藏的安全隐患，已经被监理公司的有关人员发现了并放到了网上，但却没有人及时到现场去处理违规操作。得他们赶去时，火灾已经发生了。

这不就是"现在不做，等于永远不做"吗？

"现在不做，等于永远不做"，这听起来似乎有点夸张，但仔细想想，有多少当初定好的计划，因为没有及时做，到现在早已经搁浅？有多少机会，因为晚了一步，永远错过，不会再来？有多少该做的事情，因为没有立即去做，到现在如果别人不提醒，甚至连想都想不起来？

拖来拖去事情拖黄了，拖来拖去效果大打折扣了。既然拖延会带来这么多不好的结果，为什么不第一时间去做呢？

（二）警惕"快鱼吃慢鱼"效应

当下是一个竞争无比激烈的时代，不少人都强调说：现在不是"大鱼吃小鱼"，而是"快鱼吃慢鱼"。因此，强调"速度至上"，已经成为许多单位尤其是前沿行业单位的共识，必须引起高度重视。

比如，做微信的时候，马化腾也很紧张，为了抢时间，也为了逼迫员工更加努力，腾讯内部设有三个团队同时在做，都叫微信，谁赢了就上谁。最后广州做 E-mail 出身的团队赢了，成都的团队很失望，他们就差一个月。

当时还有一个竞争对手也在做类似的应用，而且他们赌腾讯不会这么快。

在这段最紧张的时间里，所有高管都在试用，有什么问题立刻在群里反馈，立刻去改。大家天天工作到凌晨 3 点、凌晨 5 点。马化腾常常夜里发现问题，就立马发邮件给相关负责人，要求马上执行，马上改进。

最终微信出来了，腾讯赢了，获得了一张移动互联网的船票，而且是头等舱。

现在网上有句流传很广的话："真正决定人生高度的是你做事的速度。"在这个速度制胜的时代，学会加快工作与执行的步伐吧！

（三）学会改"尽快"为"马上"

《亮剑》里有个情节：独立团团长李云龙同政委赵刚商量挑选会武功的战士，搞一个特别小队。赵刚说："那好，这事我们尽快去办！"李云龙说："不用尽快，我马上就去！"

三毛曾说："等待和犹豫是这个世界上最无情的杀手。"而"尽快"，往往是拖延的借口。这时，我们向李云龙学习改"尽快"为"马上"，就至关重要。

第一，养成越早面对越主动的习惯。

因为要面对的问题使人厌恶或烦恼，人们往往因此养成了拖延着不去面对的习惯。但是，一个人心智的成熟，恰恰在于能够学会及早面对。因为越早面对就越主动，越早面对就越有力量。

何飞鹏是中国台湾地区最大出版集团城邦的 CEO，他曾经写了一本《自慢：从员工到总经理的成长笔记》，很快成为台湾地区经管类畅销书第一名，在该书中有这样很重要的一节："第一时间，勇敢面对。"

"对所有工作者而言，发生困难，面对问题，是每天都会出现的功课。问题是大多数人的习惯都是喜欢面对顺境、讨厌逆境。只有极少数胆识过人的英雄人物，能在'第一时间，主动、勇敢面对'问题与危机，也才能渡过难关，永保安康。"

"如何成为一个不逃避问题，勇于面对危机的非常人呢？我的方法很简单，把最多的时间和精力，分配给那些你心里不喜欢做的事！"

在书中，他再三强调"第一时间，主动面对"的法则，恐怕是每一个老板都要学会的第一课。

第二，提高行动的果断度。

正如《易经》指出："君子以果行育德。"

果就是果断，就是要我们强调行动的果断度。

一次，我为清华大学营销总监班讲课后，亲眼见到一位学员做事的果断度。他是一家公司的营销总监。当我们到他们的公司时，快下班了。他问两位下属，上午安排他俩给某大客户的电话打了没有。两位员工不好意思地对他说没打，并解释说这个客户太重要了，所以他们还在讨论以怎样的方式给他打电话最好。

这时候，这位总监的表现让人目瞪口呆。他花几分钟时间快速浏览资料，之后拿起电话就打。很快，那位重要客户对他和他公司的产品产生了浓厚兴趣，并约好三天后与他们见面。

两位年轻下属对他敬佩得五体投地，忙问他为何能做到这样。他笑了一笑说："在我刚做营销时，和你们一样总是害怕，拖着不去打该打的电话或者拖着不去见早该见的客户。结果我发现，我越拖延着不去行动，我的心里就越紧张和忧虑。这样一来，越来越缺乏自信，就越来越不想打电话或见客户了。"

"有一次我因为这样犹豫，被竞争对手早一天打电话，导致我丢单，于是我就决定，不管三七二十一，先豁出去再说，结果发现事情并没有我想象的那么艰难和复杂，而从那以后，我慢慢就成为一个少想多干、做事果断的人了！"

实际上，上述故事揭示了一个很有意思的心理学法则：与其说人是因为恐惧而不去行动，不如说是因不去行动而导致恐惧。

商业心理学家把"行动果断"作为最佳推销员最重要的品质之一。提高行动的果断度，特别有利于解除因情绪对抗而出现的行动瘫痪。美国著名思想家、心理学家威廉·詹姆斯明确指出：情绪不能立即降服于理智，但情绪总是能够立即降服于行动。

"只要你立即行动，先把自己投出去。那些消极的情绪很容易就会被消除了。"

"一旦达成决定，当天就要付诸实行。"

最后，让我们记住《福布斯》杂志创立者福布斯的名言吧："做正确的事情，把事情做好，立即做！"

二、目标不达成，决不放弃

（一）改"条件导向法"为"目标导向法"

做事情的时候，大多数人往往习惯于"条件导向法"，即从现有的条件出发，条件有多少，就做多少，也就是说，条件决定结果。

但是，最好的执行者总是使用"目标导向法"，也就是明确了目标，就下决心非实现不可，然后反向推演，分析要达到设定的目标，现有条件的瓶颈和制约在哪里，然后缺什么，想办法补什么。

改"条件导向法"为"目标导向法"，就会激发自己将无穷的智慧发挥出来，并很好地完成工作，甚至还可以完成那些你认为"不可能完成"的工作。

不少媒体报道了这样一则新闻：有一个叫曾花的女青年，听说西门子 UPS 北京代表处招销售员，于是前去应聘。

负责接收简历的人考问她"UPS"是什么意思，见曾花支支吾吾答不上来，就摇摇头说："看来你没有做好准备呀！"

这时，她就在向对方讲解自己以前的销售业绩后恳切地提出："你们用我吧，哪怕不给我工资，先试用一个月，如果不行，开除我都可以。"于是，本来没有机会面试的人，获得了面试机会。

面试通过。主考官很满意，并让曾花提一个问题。曾花便问："我们公司的最牛销售员年销售额是多少？"主考官用异样的目光看着她："1 000 万元！"曾花在自己本子上写了一行字：我要超过 1 000 万元。

也许你认为她这是一句随便的话，但她对这个目标却当了真，之后不断学习、不断钻研，终于实现了自己的目标，曾创下年销售 1 980 万元的纪录，超过曾经的"最牛销售员"的 1 000 多万元。曾花由此赢得了"金牌销售"的称号，也因此被提拔为市场部经理。后来，曾花报名参加CCTV《赢在中国》选拔赛。她不负众望，一举夺得亚军。著名企业家柳传志、俞敏洪、马云、史玉柱都对她大加赞赏。

这个故事最有意思的一点是：当她实现目标以后才知道，这个公司从来没有人的年销售额达到过1 000万元。当时那位考官说出1 000万元，不过是随口一说，或者只是为了激励她。没有想到，不知天高地厚的她，竟然真正相信这是一个可以达到的目标，为此不懈努力，并终于达到了目标。她不仅突破了自己的极限，也为单位打破了极限。

这就是"目标导向法"的魅力。

"目标导向法"的具体步骤如下：

1.为自己定一个非实现不可的目标。

2.分析哪些条件不足，从而会阻碍目标的实现。

3.着手解决这些不足的地方，为实现目标扫除障碍。

4.千万不要遇到困难就随意更改目标，而是要为了目标迎难而上，直到将目标实现。

（二）没有达到目标，就决不放弃

"我可以接受失败，但我不能接受放弃！"这是著名篮球明星迈克尔·乔丹的一句话。

可能很多人会不解，失败和放弃有什么区别？没有经过努力就不做了，那叫放弃。而失败则是，我已经全力以赴，该做的全部都做了，该尝试的办法都已经尝试了，但结果还是不理想，这时候可以心甘情愿地接受，因为努力了，也就无怨无悔了。

执行往往不会一帆风顺，最好的执行者总会迎难而上，不达目的誓不罢休。

下决心想方法，往往就会有方法。而那些过去看来难以解决的问题，就会因此迎刃而解！

我们来看看火箭专家、中国工程院院士、中国载人航天工程总设计师王永志是怎么做的。《党史天地》记录了这样一件事：

1964 年，王永志还是一个普通的青年工程师。

当时，钱学森带领大家设计的一枚火箭在进入即将发射的阶段时，突然出现了一个谁也没有预料到的情况：由于正是夏天，天气非常炎热，火箭推进剂在高温下剧烈膨胀，这样一来，导弹的贮箱内灌不进足够的燃料，这将严重影响火箭的射程。

有关专家马上召开会议，研究解决方法，但始终没有找到合适的解决方案。

就在这时，王永志提出可以采用"适量泄出推进剂"的方法。方案刚一提出，大家就连连摇头，因为高温膨胀，加进去的推进剂本就不够，现在还要减少，那不更影响射程吗？

但王永志却坚持认为，采用这样的方法，就会减少弹体的重量，这样射程就会更远。

然而，总设计师坚决否定了这个方案，他认为这是拿国家财产去冒险。

王永志没有放弃，他直接去找钱学森院长。听完他的设想之后，钱学森沉思了片刻，认为从理论上讲，这个方案是可行的，并支持他按照这种方法去做。

而事实证明，王永志是对的。第二天，按照他的方案导弹发射成功了！

遇到同样的情况，可能很多人都会放弃。首先，自己只是一个普通的年轻工程师，又不是什么权威人士；其次，自己的方案都已经被总工程师否定了，那肯定是不行；再次，这样做要冒很大的风险，万一发射不成功，损失的可是国家财产。

这样看来，似乎有足够的理由放弃，不去争取。但不试过、不做努力，怎么就知道不行？何况，这样的方案并不是拍脑袋出来的，而是有切实可行的理论依据。

拿破仑说过："最困难的时候，也就是离成功不远的时候。"

一定要记住，不坚持到最后一秒，绝不放弃。

三、执行不圆满，决不满足

执行重在到位。到位，就包括圆满，也就是在执行的过程中，方方面面都要考虑到，要做到人人都满意，哪方面都不能有漏洞。

（一）想细致一点，哪方面都不能有漏洞

曾任周恩来秘书的纪东在他写的《难忘的八年——周恩来秘书回忆录》中写了这么一件事：

1971 年 9 月 13 日，林彪叛逃。按照毛主席的指示，周总理在人民大会堂召开了在京中央政治局成员紧急会议，研究部署了各种应变措施。

14 日下午，纪东接到了外交部打来的电话，说是外交部收到了一份我国驻蒙古使馆的特级报告，要马上交给总理。

总理看了报告之后，情绪有些激动，说：

"好！好！你看，摔死了，摔死了！"纪东从总理手里接过报告，

大致看了一下，内容是林彪乘坐的飞机在蒙古境内坠毁，机上9人全部死亡。

这一消息要马上报告给毛主席，总理走之前让纪东也跟着去。在经过走廊的一个小门时，总理对他说："小纪，你留在这里等我，我回来一起回去。"

当时长长的走廊里非常安静，一个人也没有。

回忆起这个细节，纪东不禁感慨道：

"总理想得多周到啊，这个时候，在大会堂只有总理和我知道林彪的下场，他担心我兴奋起来，或是熟人问起来，在没向毛主席报告之前，就把这振奋人心的消息散布出去，于是，让我在这里等他。"

周总理做事的周到，值得每一个执行者学习。

假如当时周总理不是叫住纪东，而是让纪东跟他一起去，或许机密就会提前泄露，甚至引起不必要的麻烦。

这种在关键时候都有的"定力"，能更好地杜绝有关漏洞，避免许多不必要的事情的发生。

（二）想全面一点，考虑事还要考虑人

圆满，不单要考虑到事情要做成、做好，还要考虑到人，尽量让有关人士满意，无可挑剔。

宋鱼水是北京市海淀区人民法院知识产权庭庭长，曾获得全国五一劳动奖章、全国十大杰出青年法官、全国模范法官等多项荣誉。和很多人心目中法官的形象不同，她非常柔和，从来不疾言厉色、咄咄逼人。她总是能站在当事人角度，和他们感同身受，甚至有人说"法律在她手中有了温度"。

有一次，一位老妇女来办公室找她，说有人侵犯了自己的著作权。

宋鱼水通过了解发现，因为命运坎坷波折，老人的精神受到了严重的刺激。尽管宋鱼水向她解释，要打著作权官司，需要带手稿以及与被告著作的比对表等，但老人根本听不进去，也不容宋鱼水说话，只翻来覆去说让法院给她做主。

如果换了其他人，面对这样一个人，怕是早就不耐烦了，或者说几句话就会赶紧把老人打发走。

但宋鱼水却一直耐心地倾听着，一直到晚上6点多钟，老人才离开。老人走后，宋鱼水去食堂吃晚饭，这时候她突然意识到，老人走的时候已经过了下班的时间，会不会因此被锁在办公楼里？

于是她赶紧回去，一层一层楼找，并且每隔十几分钟，就往老人家里打一个电话。两个多小时过去了，宋鱼水才和刚到家的老人联系上，老人知道还有人一直惦记着她，感动得不知道说什么才好。

或许很多人不明白，宋鱼水为什么要这么做。法律不就是冷冰冰的吗，公正就行，哪有那么多温情脉脉？

但宋鱼水却有着不同的理解，就拿这个案子来说，尽管老人的请求因证据不足不构成侵权而没有得到法律支持，但她也希望老人知道，就算生活有再多的磨难，也还有人在关爱着她。

公正的判决固然是对当事人最大的安慰，但温暖的人情又何尝不是对当事人的另一种安慰？如果不是迫不得已，如果不是受到了伤害，有多少人愿意拿起法律的武器？有时候，或许一个微笑、一句安慰的话语，对当事人来说都有莫大的价值。

多做一点点，就能够化解矛盾，增进和谐。可以做到的，为什么不去做？

然而在执行中，很多人缺乏圆满的思维。

首先是个性太强，做事只图一时痛快，比如面对客户，只要自己有理，就咄咄逼人，结果是赢了观点，输了客户。就算这次客户不得已跟你合作，但下次却再没有可能。

其次是受"点性思维"的局限，也就是做事只看到一点，而不顾及其他相关的方面，结果是看到的某点做好了，但其他没有考虑的地方，留下了许多不如意乃至麻烦。

要想做事圆满，就不妨在做事之前多想想：和这件事情相关的还有什么人？会不会给他们带来影响？会不会影响到全局？

三思而后行，就会让执行的效果更加圆满。

第三章　四招消灭"想当然"

执行中最怕的问题之一就是"想当然"。绝大多数问题的出现，都是"想当然"的结果。

所谓"想当然"，就是觉得事情理所当然、应该百分之百按照自己的想法发展。一有"想当然"，就不会认真去想，就不会核实、确认。

但是，客观事实与客观规律，不会以你的个人意志为转移。当你"想当然"的时候，许多想象不到的问题就会出现，错误甚至灾难往往也就由此产生。

掌握下述的四大方法，就能很好地消灭"想当然"。

一、别自以为是，改变领导意见一定要请示。

二、"表面印象"常误人，加强核实问题少。

三、要想原来的"计划"，更要想可能的"变化"。

四、别被盲目乐观所误导。

一、别自以为是，改变领导意见一定要请示

很多时候，领导是这么说的，但许多人却不一定这么做。

因为他们有自己的想法，觉得执行时可以灵活应变。但从另一个角度想想，那只是他们的想法，领导也是这么想的吗？或许你改变的，恰恰是领导不想要的。

（一）不要"想当然"地改变领导安排的任务

我们先来看一个案例：

霍尔公司是美国著名企业，其CEO詹姆斯·林格要去东南亚考察，还要在一个国际性的商务会议上演讲。因为时间非常紧，所以在出发前他要求几位部门主管做的准备工作很多，包括要准备好考察用的文件和数据等，大家都忙得不可开交。

林格交代负责打印某份重要文件的主管，务必要在他出发之前把文件弄好。

出发的那天早上，主管们都到机场送机。

林格见到这位主管后，第一件事就是问他要文件。

那位主管看起来非常疲倦，摇了摇头说：

"这两天实在太忙了，几乎连休息的时间都没有。我想你在飞机上也不可能看文件的，所以等一会儿回公司我再打印出来，等你到了当地酒店，我传真过去也完全来得及。"

林格听后脸色沉了下来，原来他早就计划好在飞机上的时间不能白白浪费，一定要利用起来。所以他准备与同去的顾问在飞机上研究文件和数据，为这次考察和演讲做一个万全的准备。可是因为主管的"想

当然",林格的计划落空了。

故事中的那位主管犯的错误有三点：

第一，领导交待的任务没有按照要求去做。

林格要主管"务必在他出发前把文件弄好"，主管却没有按照林格的要求去做。

第二，自以为是地揣测领导的意图。

主管自以为明白林格的意图，觉得林格拿文件是要到了目的地之后才看，在飞机上不会看，所以才会没有打印林格要求的那份重要文件。

第三，改变领导的意见却没有及时请求沟通。

主管擅自改变林格的要求，想等林格上飞机以后才抽时间做好文件，然后等林格到酒店后再传真过去。如果他能早早把这种想法和林格沟通一下，林格也就会告诉他自己其实是要在飞机上看文件，所以才会急着要他做好，那么他也就不会犯这样的错误了。

其实在很多人身上，都可以看到这位主管的影子。很多时候，我们总是把自己的想法等同于别人的想法，认为别人想的一定和自己一样，所以才会犯同这位主管一样的错误。

或许有人会问，那难道什么事情都要向领导汇报吗？如果这样，还不把领导和执行的人都累死？

当然不是这样，领导根本的要求不能随便改变，但在做的过程中，如何采取最好最优的方式达到预期的效果，方法可以灵活多样。

比如，领导要求合同中有几点是必须坚持的，那你采用什么样的谈判方式领导可以不管，但不能让步的一定不能让步，就算是要妥协，也要先征得领导的同意。

再比如，领导让你将一份文件5点钟送到客户手中，那么你是派小张、小李还是自己亲自去，是开车、打车还是坐公交车去，你用不着跟领导请示，你要做的就是 5 点之前必须送到，这点一定不能自作主张改变。

所以记住，在改变领导的意见之前，一定要先请示，尤其是对领导曾经强调、特别重视的意见，要先向领导汇报并征得领导同意，再去做。

（二）没有经验的事，问好再做

有时候，一些执行者没有按领导安排的计划去执行，并不是因为别的，而是因为缺乏经验。但是，没有经验也不能成为执行走偏的理由。

我们单位有位干部，曾经与大家分享了她在刚参加工作时的一次刻骨铭心的教训：

当时，她在某省工商研究所工作。一次，所里要举行一个研讨会，领导把邀请专家、学者的任务交给了她。因为时间很紧，接到任务后，她立即开始联系。因为那时还没有手机，联系起来并不方便，往往找一个人要费很多周折。那两天，她忙得连吃饭的时间都没有。

好在一切都还顺利，到最后，就剩一位专家没联系上。她想，这么多专家、学者都能来，少一个也没什么影响。

因为有这种心理，她也就没把这件事情放在心上。

第二天，她一早就来到了会场，领导一早也来了，让她意想不到的是，领导见她的第一句话竟然是："××专家快到了吧？我要安排他第一个发言。"

她脑袋"嗡"的一下就大了，心想怎么这么巧，领导偏偏问的是我没联系到的专家呢？于是连忙解释说："我没有联系上他，我以为请了那么多专家，少了他一个也没什么关系，所以就没有向您汇报……"

领导一听马上变了脸色，毫不留情地将她训斥了一通："你以为你以为……你知不知道，这位专家是这个领域的权威，没有他的出席，研讨会的分量就会大打折扣！你要是早点告诉我，我还可以想想其他办法，现在，你说怎么办？"

她低着头，脸上一阵发烧，心里很不是滋味，真想多说几遍：我错了，我真的错了。可事已至此，有什么用呢。

这次研讨会请了不少媒体参加，虽然按照原计划举行了，可是效果却大打折扣。事后领导为这件事又狠狠批评了她一顿，还把这件事当成反面案例经常在研究所里提起。

尽管这件事已经过去很多年了，但领导生气地批评她、指责她"你以为你以为……"那一幕，至今仍深深地刻在她的脑海中。

在这一案例中，导致这位干部出现问题的原因，一方面是她缺乏经验，一方面是她又自以为是地对领导交代的任务"打折"式地执行。那么遇到这种问题，应该如何处理呢？

除了不要先入为主，随意改变领导计划外，还要充分认识问题，战胜心理障碍，在执行中出现了有关问题，主动向领导及有经验的人请教。

在工作中，为什么有不少人在"拿不准"的时候却不愿意问别人呢？原因有如下三种：一是怕问了会让领导觉得自己工作能力不强，宁可自己闷头想；二是怕别人不告诉自己，觉得问了丢面子；三是存在侥幸心理，觉得自己即使不问也不会出什么事。

其实这样的想法是最要不得的，在工作中，别一味地动自己的大脑和手，也多动一下自己的嘴。遇到不懂的问题去请教并不丢脸，不懂装懂才丢脸，也更容易出现问题。

所以，遇到拿不准的事一定要问，一定要确认。这样才不会将执行偏离方向或"打折"，也能避免出现更大的问题。

二、"表面印象"常误人，加强核实问题少

在工作中我们常常会觉得一件事情"看起来是这样的"，于是就去做了；或者"以前都是这样，这次不可能例外"。可是这样做的结果却很有可能和我们认为的大有出入。

（一）执行不要做"半截"功夫，要从"印象如何"转到"实际如何"

有这样一个笑话，有人去银行取了 1 万元，营业员把 100 元一张的 1 万元钱递给他之后，让他数一数。他数了前面 50 张就不往下数了，陪他一起去的朋友觉得很奇怪，问他为什么不数完？他却回答说："前面 50 张都没错，后面的肯定错不了。"

这就是以表面印象做事。不要以为这只是一个笑话，在工作中，这样的事情其实也经常发生。

在一家高档餐厅中，因为生意非常火爆，实习生小林忙得不可开交。

这时，一位客人走进了餐厅，对小林说：

"我赶时间，就点一份套餐，请一定尽快给我上。"

"好的。先生。"

说完，小林立即开单，并送到了厨房。

由于客人很多，厨师们非常忙碌，小林便顺手拿过一个碗把那位客人点菜的单子压住，并嘱咐厨师说：

"麻烦您快点做，客人赶时间，单子压在这里，千万别忘了。"

厨师一边忙手里的活，一边匆匆忙忙地看了一眼，然后点了点头。

交待完之后，小林就回到餐厅又忙开了。

十分钟过去，那位客人叫住小林：

"怎么我点的东西还没上啊？"

小林想：

"我已经交待过厨师了，应该很快就会上来吧。"

于是，就回答说：

"先生，请稍等，马上就好。"

然而二十几分钟过去了，套餐还是没端上来，客人忍不住发火了：

"我都等了二十几分钟了，怎么还没有做好？效率这么低，耽误了事情你们负得起责吗？"

餐厅经理听了，立即赶过来，在了解情况后马上向客人道了歉，并到厨房询问是怎么回事。

一问之下，厨师说自己没有见到那张单子。经理又把小林叫来，结果大家一番寻找后，在地上找到了那张已经被踩脏了的单子。

经理连忙吩咐厨师以最快的速度做一份套餐，经过再三道歉，又给客人免费送了一份例汤外加餐后水果，客人的怒气才勉强平息。

事后，餐厅对小林和厨师都进行了处罚。

这个故事和前面那个笑话其实很相似，就是许多人在判断问题和解决问题时，都只有"半截"思维。数钱的那个笑话，数了前面50张就不往下数，认为后面的肯定错不了。而这个实习生认为点菜单交给厨师，就认为"应该很快就上来了"。

那么，怎样才能在工作中避免因"我认为"而出现失误呢？这就要猛抓落实，从"印象如何"转到"实际如何"上来。这样，才不至于浮在表面，才不至于工作没有结果或进展缓慢。

（二）提高工作素养，实现精确判断

周恩来总理秘书纪东在《难忘的八年——周恩来秘书回忆录》中，还给我们提供了一个不能被"表面印象"误导的案例。他也曾因"表面印象"差点耽误了大事。情况如下：

"一天中午，通信员送来一份外交电文的手抄件，我看了看，不是急事，便放到一边。不到10分钟，通信员又打来电话，说外交部又有一份挂'特急'的电报文件袋，是不是马上送来？

我根据平时的情况判断，这个文件袋应是前一件的正式印件，不是新的特急件。况且是夏天的中午，我真想睡一会儿，再说总理还在午睡，过一会儿再说吧。于是，我便对通信员说：先放在你那里吧，需要时我给你打电话。然后我安然地躺在床上。

正在朦胧之中，忽然听到总理在办公室按电铃叫我。我急忙跑过去，推门而进。

总理问：'外交部的电报送来没有？'

我说：'就这份。'

总理说：'还有一份。'

我说：'通信员打电话来了，我马上叫他送来。'

回到办公室，我让通信员送来电报一看，傻眼了：并不是我以为的前一份电报的正式印件，而是姬鹏飞外长在欧洲访问发来的急电，其中请示的问题急需国内答复。外交部等不到总理的答复，乔冠华副外长不得不直接给正在午睡的总理打了电话。没办法，我硬着头皮进了总理的办公室。

总理接过电报看了看，瞪了我一眼，生气地说：'你知不知道鹏飞同志在国外着急！本来你是很勤快的，不管我在哪里，有事都能及

时报告。今天怎么了，是不是通信员压了？'

我赶快解释说："通信员告诉我了，和通信员没关系，完全是我的过错。'

总理见我承认了错误，气也就消了一些，说了一句："不能这样主观臆断，想当然，对什么事都要搞实在，不然会误事的。'好在总理已经根据乔副部长的电话及时给予了答复，没有耽误大事，造成损失。"

周总理说得太对了，我们在工作中应该杜绝主观臆断做事，不能让"表面印象"迷惑了自己，凡事都应该实事求是，不能"想当然"。

案例中纪东就是因为"想当然"，仅凭自己对电报的"表面印象"做出判断，没有进行核实，结果才差点耽误了大事。

很多人都可能犯下类似的错误，那我们如何才能在工作中避免因"表面印象"而出错的问题呢？

那就要提高工作素养，尽可能实现精准判断。如还拿不准，就要进一步核实。

三、要想原来的"计划"，更要想可能的"变化"

"想当然"还有一个特点，就是只考虑到原本的"计划"，却忽略了可能产生的"变化"。

有句老话说得好："计划赶不上变化。"事物的发展不是一成不变的，而总是在运动变化着的，无论事先计划得多么周详，在执行的过程中都有可能出现种种变化。

这就要求我们做任何工作都应该多想一些，有时候还必须根据预想的变化来多做几个方案，以便做出应变。如果只是拘泥于原有计划，那么当我们面对新的变化时，就很可能会束手无策，无法解决。

（一）不管以前打过怎样的招呼，事前一定要落实

一位老总曾经在我们组织的管理俱乐部活动中，讲述了这样一个故事：

他单位有一位做市场的员工，有一次要去郊区拜访客户，回来后，老总问他见面的情况怎么样，他非常沮丧地告诉老总，他没见到客户，因为客户把约好的时间给忘了，有事出去了，使他白白耽误了半天工夫。

这位老总便问他什么时候跟客户约好的时间，他回答说三天前。老总又问他为什么去之前不给客户先打个电话确认一下，他说都已经约好的事，哪想到客户会忘记。

讲到这里，这位老总觉得又好气又好笑。感慨地说：

"三天前约好的事情，凭什么让客户三天后还一定记得？客户没有义务一定要在那里等你，或许在这位员工看来是非常重要的一次约见，但对于客户来说却不过是一次再普通不过，甚至没有太大意义的面谈。"

或许我们会觉得这位员工可笑，但细想一下，在工作中，我们是不是也会经常做类似的事情？在我们的脑海中，往往想得最多的是："肯定没问题""不会出什么差错""以前都是这样做的，以后当然也这么做""对方既然同意了就肯定不会变卦""他既然说了就一定会做到，我就耐心等待好了"……

但仔细想想，有多少次事情真的完全朝着我们预期的方向发展而没有任何变化呢？与其等事情发生变化了再去想办法弥补，不如事先多沟通、多了解，及时调整，这样才能防患于未然，将事情真正做到圆满。

（二）不管以前有过怎样的"惯例"，遇事定要学会落实

小章在一家销售布料的公司工作，有一次他的客户要买一批浅蓝色的布料，他寄了样品过去，客户很满意，下了订单。

在与工厂沟通的时候，工厂问用不用打样过来确认颜色，小章想前不久还有同事给别的客户发过浅蓝色的布料，就告诉工厂照上次的货做就行了。

可是等货发过来他一看就傻了，颜色居然比他给客户的样品要深得多。

原来这次发货的和上次同事发货的是两家工厂，虽然都做这个产品，但是两种浅蓝色还是有差异的。

如果小章做事的时候能少一些"想当然"，多想一些可能产生的"变化"，要求工厂打样确认，就能及时发现问题，不至于等到大批货物都发送过来才发现有问题。

以往做过的产品，不代表这次就一定可以保持同样的水准；过去确认过的颜色，不代表这次就和过去完全没有差异。这些都是可能会产生变化的，是应该事先预料到的。

其实不论是上文讲到的那位员工，还是小章，他们的错误都是只需要多想一步就能杜绝的，可是他们却偏偏凭"想当然"做事，导致了不好的结果。

在想原来计划的同时，我们还要时刻考虑到它可能产生的变化。

例如，我们准备去谈判，事先就要多考虑几种可能会出现的情况，多准备几套方案，以免在谈判中因发生变化而措手不及，尽失先机。

如果与客户约好见面，除了要多想想见面时客户会做出的几种反应，还要想想客户会不会临时有事不在，事先打电话确认一下，以免做无用功。

如果是准备为老总安排出差计划，也要研究一下当地的天气情况，看看是否需要提醒老总增减衣服、带上雨具等，这样做会让老总体会到你做执行的细心周到。

四、别被盲目乐观所误导

为什么还有那么多人会被"想当然"牵着走？还有一个重要原因：盲目乐观，"想当然"地认为后续的发展和结果都会很顺利。

盲目乐观会蒙蔽我们的双眼，看不到潜在的问题，甚至看到了问题，也会觉得这没有什么，引不起自己的重视。

（一）别轻信"答应"，到手的才是真实的

一位培训界的同行曾经讲过这样一件事：

上个月，他给苏州的一家知名企业做了一次基层员工的培训。

因为前期工作做得到位，这次培训的效果非常好。该企业的培训部经理告诉他，企业下个月还要做一次高层培训，有可能再次选择他。

有了第一次成功合作的经验，他觉得很有信心，就交代自己单位的外联部主管，与对方继续保持联系。外联部主管就寄了这位同行所写的关于高层管理的书籍，还与对方热情保持联系，以求第二次合作成功。

大家都相信再次合作没有任何问题。然而没有想到的是，本来都已经说好的事情，后来却发生了变化，这家企业第二次请的是别的培训机构的老师。

问题到底出在哪里？

后来这位同行特意打电话去问那位培训部经理，对方吞吞吐吐地告诉他，第二次培训想要多一些决策案例分析，他们觉得他不太擅长，所以就请了别的老师。

这位同行听了不知道该说什么才好，要知道他是清华、北大的客座教授，经常给高级总裁班上课，而上这类课时，他最擅长的恰恰就是决策案例分析！而无论是他还是自己单位的外联部主管，都没有向对方好好介绍这点。

那么是什么原因造成了这种"到手的鸭子"却飞掉了的情况呢？

是因为盲目乐观导致了这种结果。因为第一次培训的成功，不论是这位同行，还是他负责与客户联系的助理，都对第二次培训很乐观，以为十拿九稳。因此在做跟踪服务的时候就放松了，也就没能及时问出客户的真正需求。

分析很多人为什么会盲目乐观，不外乎三种情况：

一是天性就是这样。

有的人生来就是乐观性格，什么都只想好的方面，不想不好的方面。在生活中，我们需要乐观，这是一种积极的生活态度。但在工作中，我们却不能完全由着自己的天性来。

工作毕竟不是生活，你不仅要对自己负责，还要为团队负责。如果只有这种乐观天性而没有发现应该发现的问题，损害的不只是自己，还有单位。

二是不敢面对、自欺欺人。

在工作中，经常有这样的人，你问他一件事情怎么样，他给你的回答永远是"很好""没问题""您就放心吧"，一副信心十足的样子，但真正事到临头，却十有八九变成"有问题""做不成"。

这样做其实是用虚假的"没问题"来掩饰自己的不敢面对，给自己躲避问题和不去解决问题找一个借口，或者满足自己的虚荣心，生怕一说有问题，就被别人否定、看不起。但这样的结果，最终只是害了自己。

三是前面很顺利，所以对后面的发展也觉得不会有任何问题。

就像上面所说的那个案例一样。但事情总是在变化当中的，过去没有问题并不代表永远没问题。哪怕以前合作得再好，但需求变化了，你却没有紧跟上客户的步伐，那客户当然有理由不选择你。

所以我们看待问题一定要深入，不能让盲目乐观误导了自己，让执行走入"想当然"的误区。

（二）多想"万一"，学会"防微杜渐"

不管是单位还是个人，都希望自己的工作顺利。最不希望发生的，就是出现某些意想不到的问题与事故。

但是，这些问题和事故为什么会发生呢？仔细分析起来，它们的背后，都能看到工作不到位的阴影。

这时候，我们就要多想"万一"，学会防微杜渐，将这些问题与事故，消灭在萌芽状态。

赵维民是吉林省电力公司白城供电所检修公司电气试验一班班长，曾多年被评为国家电网公司劳动模范。多年来，他一直从事高压试验工作，从未出过任何差错。

有一次，松原500千伏变电站停电进行预防性试验时，他发现有台主变压器的套管电容量有些异常。而这台变压器在之前的运行中，并没有发现任何问题。当时，现场的工作人员都觉得没什么大问题。

但赵维民认为，既然测试数据显示不太正常，那么问题就很严重，甚至套管有爆炸的可能。

于是，他立即带领大家，采取各种方法一次次进行测试，并且一遍遍将出厂数据和交接试验数据进行比较分析，最终判断是套管内部末屏断线。

赵维民立即将这一严重隐患向上级部门进行了汇报，相关部门也及时对设备进行了更换处理。当套管换下后进行解体时发现，由于接触不良和错位，导电杆和末屏接触位置已经烧成炭黑，并且油中已经产生大量气体，很快就会发生爆炸事故。

因为避免了一起 500 千伏变电站主变压器事故，赵维民和他的团队得到了省公司的嘉奖。

这个故事，可以给我们如下启示：

第一，充分认识到执行到位和不到位的区别。

执行不到位，就算是文件、通知再多，流程、制度规定得再细，都有可能只是摆设，都避免不了一些事故乃至灾难的发生！反过来，如果执行做到位了，即使是很难发现的隐患，都可以发现，原本可能发生的事故，也能避免。

第二，在执行中，要格外重视"不怕'一万'，就怕'万一'"。

一般来说，"一万"是好的结果、乐观的估计，而"万一"则恰好相反，"万一"在大多时候都不会发生，但并不代表不会发生。

因此，在执行的时候，我们要做到：

不要只想一种可能性，而要想多种可能性；不能只想好的结局，也要想到不好的结局。

当担忧有可能出现"万一"的迹象时，一定要及时检查核实，将问题消灭在萌芽状态。

万一出现不好的结局，要有第二套方案和准备措施，以便及时进行补救。

第四章　能表硬态，更能打硬仗

无论是一个优秀的执行者，还是一个优秀的执行团队，必然能经受最大的挑战。这就体现在能够表硬态、也能打硬仗这点上。

能表硬态，意味着对自己的行为能充分负责，并有绝对的决心和信心。

而能打硬仗，则是通过实际行动，来体现一流的意志与能力。

一、"把5%的希望变成100%的现实"。

二、越挫越勇，越挫越强。

三、从"尽力而为"到"全力以赴"。

一、"把 5% 的希望变成 100% 的现实"

　　明明只有 5% 的希望，却要把它变为 100% 的现实。这是不是一种痴心妄想？如果以消极的心态来看，那肯定是这么回事，但是，拥有积极心态的执行者，恰恰能让这样的"痴心妄想"梦幻成真。

　　其实，这句话是联想的优秀团队总结出来的。与之相关的是一个生动的故事。

　　联想刚刚创业不久，就开发了在中国信息科学领域具有里程碑意义的"联想汉卡"。联想集团的上级中国科学院于 1988 年为"汉卡"申请了"国家科技进步一等奖"。联想集团从领导到员工，都认为获得这个一等奖，不成问题。

　　但没有料到的是，由 50 位科学家组成的"评审委员会"，在秘密投票之后，只同意给予汉卡"二等奖"的荣誉。得到消息的那一天，时为联想总裁的柳传志认为评审委员完全不了解汉卡的价值，才会造成如此不公平的结果。

　　于是，他表示，除非委员会改变成命，否则他将拒绝接受这个"二等奖"，并安排郭为和李岚去想办法，让委员会把二等奖变为一等奖。

　　郭为和李岚答应"保证完成任务"，并立即行动起来，但很快就意识到，柳传志要他们做的事，实际是一件"不可能做到"的事情。因为根据惯例，评审的结果已经在报纸上公布，正如覆水难收，怎么改？国家科技奖办公室的主任根本就不见他们，只派了手下工作人员传来一句话："我们还没干过把二等奖改成一等奖的事呢，倒是有过把二等奖改成三等奖的事。"

　　如果是一般人，肯定就放弃了。但这两位年轻人却没有就此打道回府，而是在"奖励办"认真寻找机会。他们发现，尽管委员会没有改变成命的先例，但从评审制度上说，却并非没有可能。通过与有关人员密切沟通，他们得知，要想改变这个奖，除非能够启动"复议程序"。该程序要求至少有评审委员会里的 10 位专家联合署名提出申请，并且详细申明初审不当的理由。

得到这一信息，他们两位如获至宝，开始了说服专家的漫长历程。这两人都是初进公司，而且全都是计算机科学的外行，对于汉卡的种种奥妙根本说不清楚，不过他们拥有足够的激情和信念，赢得了柳传志的支持，并且学会了充分利用媒体。

在 1988 年的最后几个月里，各种媒体登满了关于"联想汉卡"的报道，都说这东西如何神奇，如何成为一座桥梁把中国人引进计算机的殿堂，比如，"这是国内外汉字功能最强的系统之一""已经行销到世界 10 个国家和地区"等。甚至还用诗人的语言说："她就像躁动于母腹的一个婴儿，具有很大的生命力。"

在此之后，就要去想法找出 10 位专家来为联想"鸣冤叫屈"了。委员们都是我们国家各个领域里的一流专家，不容易被别人牵着走，于是他们一个一个登门求见。

他们首先征得了中国科学院副院长孙鸿烈的支持，之后拿了孙鸿烈的签名去找别人，一见面就送上事先准备的全套材料，言辞恳切地陈述理由，再递上早已写好的申请书，等着人家签名。

在这过程中，他们感受到了热情也感受到了冷漠，还遭到了不止一次的严词拒绝。但他们还是锲而不舍地按图索骥，最后终于获得了 10 个人的签名。

复议程序终于被启动了。但这只不过是迈出了第一步。公关部再接再厉，邀请拥有投票资格的 50 个委员到公司来参观。公司搭建了临时展厅，摆上几台计算机。当时联想还没有自己的联想微机，摆的全是 IBM 等海外品牌，但里面全都插着"联想汉卡"。

前后持续两个月，委员们陆续到来了，有时候是一群人，有时候是一个人。但联想派出最热情也最专业的人员，让委员们感受到细致周到的接待。

后来，决定命运的会议召开了。最终的结果是：经过重新评审，"联想汉卡"获得"国家科技进步一等奖"！

郭为后来成为神州数码的领头羊，是柳传志手下与杨元庆并列的另一员干将。他后来在一篇文章中写到这个故事，其中"把 5% 的希望变成 100% 的现实"一句，被好多人认为是柳传志的管理哲学中最精彩的内容之一。

这个故事，充分说明了如下几点：

（一）一流的执行者，就要敢于背水一战

历史上的"背水一战"发生在汉朝建国的战争中。汉将领韩信与敌人较量，敌众我寡，于是，他将部队部署在毫无退路的水边。在与敌人作战的过程中，将士们知道没有退路，于是拼死一战，最后竟然取得了胜利。

当初柳传志放言，除非委员会改变成命，让该科学奖成为一等奖，否则他将拒绝接受这个"二等奖"。这正是逼迫自己和团队背水一战。也只有背水一战，才能创造奇迹。

（二）敢于承诺"保证完成任务"

对任务勇于表硬态保证完成，这是一种庄严的承诺。这会起到三方面作用：

第一，意味着拿自己的信誉做保证，让自己无法找借口。

第二，给领导以信心。

第三，给团队以坚强的斗志。

（三）只要有一点希望，就值得你100%的努力，只有100%努力，才能变为100%的现实

郭为他们虽然被国家科技奖办公室主任挡回，但是却意外得知能改变奖项的有关"复议程序"政策，就为此而不懈努力，最终才成功。这说明：工作中不少重要的事情，往往不是那么一帆风顺，但是，只有绝不轻言放弃并不断想方法的人，才可能成就大事。

（四）遇到问题不退缩，也不把问题上交，而是寻找一切可能性，想尽方法解决。这才是一流执行者的境界

二、越挫越勇，越挫越强

在完成任务和抓执行的过程中，我们免不了遭遇挫败。一般人会被这挫折击倒，失去信心和斗志，甚至一蹶不振。

但最好的执行者，却能越挫越勇，越挫越强，最终能打任何硬仗。

（一）不经敲打，难成栋梁

我很认可这样一个观点：成长来自肯定，成熟来自"折磨"。

栋梁之材都是在各种"折磨"中不断成长的。不经过考验，就无法获得心理上的成熟，并使自己的各种能力得到最大提升。

在执行的过程中，我们免不了经受失败和挫折，当取得成功的时候，有掌声和鲜花迎接自己，但是如果失败了，就受到冷眼，并容易受到领导的批评与处罚。这时候，能否经受住"敲打"，是能不能成为栋梁之材、能不能打硬仗的关键。

曾任联想集团高级副总裁的陈绍鹏，从做基层销售开始，到后来能够成为联想的领军人物之一，与他善于把批评当成"补药"是分不开的。

陈绍鹏在联想工作的前几年，他都是作为地区代表在外打拼，并做得有声有色，尤其在西南地区市场上，他使联想电脑的销售额增长了150%。

公司决定派他去广州开拓华南市场。但让人意想不到的是，尽管他已经全力以赴开拓市场，几个月过去后，华南地区的销售仅仅只是西南地区的一个零头。

联想微机事业部总经理立即在北戴河紧急召开了所有区域销售代表参加的总结会议，并狠狠批评了陈绍鹏一通，毫不留情地质问他：你为什么在这个区域做不出业绩？是不是把以前的销售模式生搬硬套地拿过来，你就不能按照当地特点制订计划吗？

其实，在会上挨批评的不止陈绍鹏一个，但其他的销售代表挨批后大多无动于衷，歌照唱，舞照跳，只有陈绍鹏受到了很大震撼，不仅自己一个人偷偷躲进房间哭了一场，还回北京关门反省了两天。他下决心不管怎样，一定要想办法打开华南市场。

回到广州后，他进行了深入的调查研究，终于找到了销售失利的原因——当地电脑市场竞争激烈，许多人只知道像 IBM、康柏这样的国外品牌，就算联想的电脑价格低廉，也没有竞争力。此外，还有语言障碍、文化差异等。

针对上述问题，陈绍鹏召集办事处人员开会，改变销售策略，先提升品牌知名度，然后是招聘销售人员。陈绍鹏要求所招人员必须是本地人，便于和当地人沟通并扩大人脉。经过不懈努力，陈绍鹏这一年的销售业绩比上一年同比增长585%，在联想众多"销售明星"里创造了一个奇迹。

就像联想集团前董事会主席柳传志说的那样："折腾是检验人才的唯一标准。"的确是这样，要想更优秀，就得经得起折腾；经得起领导对工作高标准、严要求的折腾，经得起客户各种挑剔的折腾，经得起市场的折腾……

从陈绍鹏的经历中，我们可以得到以下四点启示。

1. 弱者把批评当"毒药"，强者把批评当"补药"

在工作中，我们经常看到这样一些人：他们只能听好话，受不了任何批评。对待批评，他们的态度往往是以下几种：

第一种，争辩，努力把责任推给客观环境甚至是别人。

第二种，受挫，觉得自己受到了否定，甚至因此丧失信心。

第三种，表面接受，实际不行动。当时难受一下，甚至也觉得应该改，但往往是事情过去也就过去了，既不往心里去，也不落实到行动中来。这其实都是心理不成熟的"弱者"表现，甚至把批评当成了"毒药"。

然而，陈绍鹏却不是这样。在接受记者采访时，他坦然承认，在华南首战失利和北戴河会议挨批评，是他经受的最大挫折。但是，他最感谢的也是这次挫折，在遭到批评后，能自我反思，并取得真正的突破与发展。

真正的强者，不仅不会把批评当成"毒药"，还会把它当作成长最好的"补药"。

2. 重视领导的批评，就要真往心里去

与其他销售代表受到批评后无所谓的表现不同，陈绍鹏把领导的话放在了心上。往心里去无非是两点：首先，把领导的正确批评"当话"，牢记在心；其次，立即改正的决心，同样的错不犯第二次，同样的事情，不用领导第二次提醒。

3. 反思自己的错误，从情绪上不抵触批评开始

在上述案例中，要是换个人听了这样的话，可能会有很大的抵触心理。自己那么努力，就是想做出好业绩，销售不景气，有很多客观因素，不能全怪自己。自己没有功劳也有苦劳，何况领导还这样不给面子，在大庭广众之下批评自己，这样还让人以后怎么开展工作。但是，陈绍鹏虽然难受，却没有在情绪上抵触批评，而是开始反思自己的错误和不足，所以他能取得真正的进步。

如果一听到批评，就反感和抵触，那么不仅不会反思自己的不足，还会找各种理由和借口为自己开脱。情绪上一有抵触，行动上必然就会加倍抵触。如果能换一种心态，面对批评，首先想的是别人为什么要这么说，哪些有道理，能不能改进，那么，我们就会发现，所有的批评，其实都是来帮助我们成长和提升的。

4. 想方设法去解决问题

有些人面对批评，尽管当时也会有所反思，甚至下了要改正的决心，但往往是事情过去了，决心也就忘记了。一切都是老样子，以前怎么样，现在仍然怎么样。而真正优秀的人，则会像陈绍鹏一样，触动之后一

定有行动。哭过了、反思过了，然后就是行动，不把问题解决誓不罢休。

很少有栋梁之材不是在被"敲打"中成长起来的。也许接受敲打使我们心里很不舒服，但正是"敲打"让我们看到自己的盲点，看到自己与优秀者之间的差距，促使我们不断奋进和改进。

所有的磨炼，都从"经得住"中体现出来。无论是敲打、挫折、诱惑、压力……只要"经得住"，就能不断成长和突破。

（二）挫折并不是失败，而是重新学习的机会

一些人遭遇挫折，就被消极思维引导，把挫折等同于失败，甚至认为"完了""我再也不敢那样做了"，最终甘于平庸与失败。

与此相反，有积极心态的人认为，挫折并不是失败，更不是世界末日，而且它对人的成长，还有很正面的作用。

法国著名政治家、军事家拿破仑说：

"挫折也有好的一面，它教给我们真理。"

而对我们广大执行者而言，更要明确一点：

挫折让我们看到不足，让我们可以重新学习和出发。

著名职业经理人、曾担任微软全球副总裁李开复的经历，给我们提供了很好的借鉴。

李开复很会演讲，但他并非天生的演说家，曾经有一个阶段，他和人说话都会脸红，让他演讲，更是一件让他很烦恼和痛苦的事情。

让他从一个害怕演讲的人向演说家迈进的，是这样一件事：

李开复在美国读博士生时成绩优秀，其博士论文发表在国际期刊上，让全美的科技界震惊。这样一个明星学生可以说是够风光了。

但是，那年暑假，他经历了不小的挫折。

当时，李开复得到了一份工作：教宾夕法尼亚州 60 个最聪明的高

中生计算机课程。李开复十分敬业，每天忙碌地备课，还想出各种教学方法。他自认为自己的课讲得够精彩了。但他完全没有想到，在领取薪水时，他看到学生对他的评语，竟然是：

"李老师的教学就像催眠曲！"

这对李开复的自尊心而言，无疑是一次极大的打击。仔细分析原因，他看到了自己的一个致命缺陷：尽管他很有学识和水平，但口才与演讲水平，却是非常薄弱。

这对他要在现代社会发展，一定会形成巨大的障碍。他没有抱怨这些学生不给自己面子，也没像某些人那样责怪孩子"缺乏修养"，而是带着感恩的心，感谢学生们让他看到了自己的盲点和缺点。

他把问题当成提升自己的契机，以"空杯心态"开始学习演讲。为此，他除了向优秀的演讲者学习外，还拿出具体改进清单：每个月必须做两次演讲，而且必须要听演讲；在演讲的时候，让朋友旁听，把优点和缺点记录下来；演讲前要排练三次……

由于他不断学习和改进，最终成为大家心中"天生的演讲家"。

经历了这样一件事，他深有感触地说：

"你失败过很多次，虽然你可能不记得。你第一次尝试走路，你摔倒了；你第一次张嘴说话，你说错了；你第一次游泳，你快淹死了；你第一次投篮，你没有投进……

"不要担心失败；需要担心的是如果你畏惧失败，你将丧失机会。"

"假如你能从失败中学到东西，那么所有的挫折都会有积极的作用。"

是的，在工作和执行中，我们都可能会像李开复一样，遭遇想象不到的失败和挫折，但是，当我们明白挫折不是失败，而是重新学习的机会，我们就会改正自己，让自己更加优秀和突出。

三、从"尽力而为"到"全力以赴"

在工作中，经常听到有人说：

"我尽力而为。"

而当问题没解决的时候，他总会为自己辩解：

"我已经尽力了。"

其实，要想真正将一件事情做好，光尽力而为还远远不够，必须全力以赴，这样才能逼自己将智慧充分发挥出来，从而执行到位。

（一）完成任务，一定要"想尽千方百计"

我在《中国青年报》当记者时，有一个非常优秀的同事，叫刘先琴。她的优秀，从一件小事上就可见一斑。

有一次，她奉命去新疆完成一个重要的紧急采访任务，谁知火车还没到达目的地，就出了故障。

眼看着时间一点点过去，而火车却不知道什么时候能修好，她非常焦急，再这样下去，采访任务就无法完成。

这时候，她无意中发现附近有飞机起落，这让她非常兴奋，马上向人打听，知道不远的地方有个军用机场。

于是她立即下了火车，用最快的速度向机场走去。到了机场后，她找到了机场的负责人，出示了自己的证件，并再三说明这次采访的重要性，最后希望他们能够将自己送到新疆。

让军用飞机送自己去新疆？这在一般人看来，简直是天方夜谭，但凭着自己的执着和坚持，机场的负责人最后居然答应了她的要求。最终，她漂亮地完成了任务。

回北京后，她得到了大家的一致赞扬。

有人问她："太不可思议了，你怎么连军用飞机都能借到呢？"

她微微一笑说："全力以赴，要成功就必须有非成功不可的决心，有非成功不可的决心，就能想出好的方法来。"

的确如此，一流的决心就能激发出最好的方法来。这不由得让我们想起温州人的"三千理论"：跑遍千山万水，讲尽千言万语，想尽千方百计。

如果有"三千理论"做保证，那么再难的事，也能办成。如果每个执行者都能以"三千理论"作为指导，尤其逼自己"想尽千方百计"，那么，再硬的仗也敢打，再难的任务也可能完成。

（二）干工作，一定要到"拼命"的程度

这就是说不要认为"干"就行了，而是要全身心投入，将自己的最佳状态逼出来，同时也将最大的潜能开发出来。

有一位著名的马拉松运动员，曾经完成了历时 111 天、行程约 7 500 千米的横越撒哈拉大挑战，创下了人类首次徒步横越撒哈拉沙漠的世界纪录。他能取得这么出色的成绩，很大程度上源于高中时的一次经历。

在一次比赛前，教练问他是否准备好了，他说：

"准备好了，我会尽力。"

结果教练一听，立即在他头上打了一巴掌，严厉地说："不是尽力，而是拼命。尽力是你跑完之后，还能坐下来和别人喝茶、聊天，而拼命是跑完之后，你直接被送到医院。"

教练的话深深刻在了他心里，而正是抱着这种精神，他创下了很多常人觉得不可思议的纪录。

有这样一个小故事：

猎人带着猎狗去打猎。猎人一枪击中了兔子的后腿，受伤的兔子拼命逃生，猎狗在后面穷追不舍。

可追了一阵子，兔子没了影，猎狗只好回到猎人身边。

猎人非常生气："你真没用，连一只受伤的兔子都追不到！"

猎狗不服气地辩解道："我已经尽力而为了！"

兔子带伤跑回家，兄弟们都很惊讶："你怎么能跑过一只凶狠的猎狗呢？"

兔子说："它尽力而为，而我是竭尽全力呀！它没追上我，最多只是挨顿骂，而我若不竭尽全力，可就没命了。"

故事中的猎狗和兔子就像现在职场中的两种人：

一种人，对工作总是尽力而为，除非有特殊情况才会竭尽全力。而另一种人，无论做什么事都全力以赴。而成功，往往只青睐后一种人。

是的，很多人没有明白一个道理：一个人的潜能，往往不是"拿出来"的，而是被"逼出来"的。

假如你只是"尽力而为"，其实就是为自己不愿意做出最大努力寻找借口。假如没有达到目标，他的潜台词就是：你看，我也没说自己一定能做到，只是说尽力，那现在完不成，也不怪我。

而"全力以赴"，就是逼迫自己真正"拼命"，埋葬任何松懈、懒惰的借口，从而使出哪怕最后一点力气来。这样一来，不仅你现有的力量会得到充分利用，而且还能不断开发潜能，从而创造超凡的成绩。

（三）"尽力而为"和"全力以赴"的区别

那么，"尽力而为"和"全力以赴"到底有什么区别呢？我们可以对照下面的表格：

尽力而为	全力以赴
完成任务	通过努力获得
付出别人要求的努力	尽最大努力
机械地完成工作	动用自己所有的智慧
只求完成	追求卓越
靠别人激励	自我激励
获得工作报酬	实现自我价值
满足现状	永不满足
尽量少做	尽量多做
瞄准任务	瞄准梦想
只完成工作	主动完成其他工作

如果我们能够改"尽力而为"为"全力以赴"，那么就能挖掘出自己最大的潜能，敢打任何硬仗，让自己创造出最大的业绩。

第五章　强化结果思维，确保执行到位

结果思维，就是做任何事情之前，不要盲目去做，而是先想想，为什么要做这件事情，它要达到的目的和效果是什么？然后根据要达到的目的和效果，确定和调整自己的思路和做事的方式，以确保结果的实现。

结果思维是确保执行到位的基础。没有结果思维，做事就会随意，或只重视动机不重视结果，或想到哪做到哪，走一步算一步，工作效果轻则打折扣，重则有很大破坏作用。

缺乏"结果思维"，事情就会停留在只是"做了"的表面，而有了结果思维，做每一件事情，就会做好，做出成效。

执行到位，就必须对结果负责。没有结果的执行，就是白执行。

这就需要在做每一件事情时，都有结果思维。只有以结果思维引导和控制行为，才能保证执行到位。

一、警惕"100-1=0"。

二、让结果思维贯穿执行的始终。

三、将"无缝对接"落实到每个环节。

一、警惕"100-1=0"

在如何成为最好的执行者方面，航天精神格外值得大家学习。

航天精神很关键的一点叫作"零缺陷管理"，经常提醒执行者的是这个公式：

"100-1=0"

这个公式似乎违背常识。100-1=99，这是人人都会的简单算术题。但在执行中，"100-1"却并不等于"99"，一旦某一点没有考虑周到或者出了差错，那么就可能出现全盘皆输的局面。

这个公式，其实是结果思维的高度体现。在我们抓执行的过程中，许多问题的发生，都与这种现象有关，值得格外重视。

（一）没有结果的执行，都是白执行

有一次，我在湖南长沙一家很大的集团讲课，一位分公司的总经理讲述了一个发生在他单位的"惨痛经历"。

前不久，该公司推出了一个很好的楼盘，找了当地很有名的设计公司做创意设计，找了最有名的媒体投放广告。十分奇怪的是：广告投放了两天，竟然没有收到一个咨询电话。

出差回来的总经理觉得十分奇怪，就把广告拿来一看，哭笑不得：广告是设计得很好，但是，上面竟然没有留下楼盘的咨询电话！没有一个电话打进来，这是理所当然的了。

这个案例就是"100-1=0"的高度体现。说明了我们一些人做工作粗枝大叶，导致出现低效甚至无效努力的情况。我们可以得出如下的教训：

第一，任何执行，都是应该有一个理想结果的。如果这个结果不出来，所有的执行都是白执行。

第二，行百里者半九十。执行的关键往往在最后的10%。最后的步骤如果不到位，任务就不算完成，甚至比不执行更糟糕。

第三，干任何工作，都要提前想好要实现执行目标有哪些要求。在执行中，根据要求进行检查核实，出现问题及时校正，这样才能尽量避免"100-1=0"的情况发生。

（二）对结果负责，才是对执行负责

执行的关键就在于到位，因为执行不到位，等于没执行。

只有具备结果思维，才能确保执行到位。所以对结果负责，才是对执行负责。

程社明先生，是国内著名的职业生涯开发与管理专家，对这一点深有体会。

《销售与市场》杂志曾登载了程社明先生的一个故事。

当时，他到中日一家合资企业——中国大冢制药有限公司做推销员，亲身感受到了日本管理者是如何抓执行的。

有一次，公司通知内勤人员第二天早上按时到中心医院会议室开会。第二天，他提前20分钟就来到了会场，但直到会议开始前5分钟，仍不见人影。

他感觉不对劲，于是赶紧打电话，一问之下，才知道会议地点不是在中心医院，而是总医院。

于是他急忙往总医院赶，结果迟到了11分钟。

他认为迟到不是自己的错，但日本经理还是让他写深刻的检查。当他正在为自己受到这样的处罚感到愤愤不平时，这时发生的另一件

事情彻底改变了他的认识，并对他影响至今。

那次会议之后没几天，在另一个小型会议上，经理问同样来自日本的经营科长：

"我们在上海的市场开发工作做好了吗？"

科长说：

"都做好了。医药公司已经同意进货，医院以及药剂科也同意买药，医生护士都进行了培训，他们愿意用我们的新药品。"

经理又问：

"那为什么这些药还在我们的仓库里？"

科长说：

"那是因为天津火车站没有车皮把我们的药运到上海，我也没有办法。"

经理听了，立即拍着桌子站起来吼道：

"只要药没到患者手里，就是你的错。你必须解决问题！"

于是科长对程社明说：

"咱们现在到天津铁路局去调车皮。"

程社明想：铁路局又不是我们开的，哪能那么容易，想调就能调到。

科长似乎看出了他的心思，于是说：

"经理说得对，只要药品没到患者手中，就是我们没有完成工作。我们去争取吧。"

后来经过他们和铁路局的协商，车皮终于安排好了，药很快就运到了上海。

通过这件事情，程社明明白了什么叫对顾客负责，什么叫对结果负责。只有执行之前先想结果，并想到为了达到这样的结果要做怎样的努力，这才是执行到位的前提。

与这件事相比，自己迟到的确是因为做得不到位：既然要去参加会议，就有责任提前问清楚准确的地点，以确保自己能够准时到达会场。

之后，程社明认认真真写了一份检查交给了经理。

因为这件事，程社明至今仍对那位经理心存感谢，而且在以后的20多年职业生涯里，公司开任何会议，他总是提前到达，再没有迟到过。

从这个故事中，我们不仅可以进一步认识到执行重在结果，对结果负责，才是执行的前提，而且还必须懂得，不是别人，而是作为当事人的你，对执行的结果负有责任。

所以，我们在做任何工作时，都必须以结果思维来指引自己，而且在出现问题时，不要先去责怪别人哪里没有做好，而要反思自己到底存在什么问题，并赶紧采取措施去确保完成任务。

二、让结果思维贯穿执行的始终

既然结果思维这么重要，那么，就应该让结果思维，彻底贯穿于执行的始终。

（一）进行工作计划时，就得用结果思维来指导

刘经理在一家策划公司工作，主要负责为客户策划新闻发布会。

有一次，他接到了一个任务：为一家跨国集团的新闻发布会做筹备工作。客户再三强调发布会的重要性，刘经理自然不敢怠慢，包括发送邀请函、酒店的选择、场地布置、时间掌控等他都亲自过问。

为了让新闻发布会取得更好的效果，他特意请了一位当地有名气

的主持人来主持发布会。

一切都准备就绪，新闻发布会如期召开了。

但让他万万没有想到的是，发布会不到一个小时就草草结束了。

而按照事先的计划和流程，发布会从 9:30 开始，到 11:30 才结束，然后宴请所有的来宾。但发布会不到 10:30 就结束了，嘉宾还得在那里干等一个多小时才能吃午饭。

这可怎么办？刘经理连忙把所有的工作人员都叫来陪来宾们聊天。但只有几个来宾愿意坐在那里等，其他人纷纷借故离开了。到吃饭的时候，本来预备了 10 桌，但剩下的来宾还不到 2 桌。

自己非常重视的发布会办成这样，客户的心情可想而知。无论刘经理怎么道歉和解释，客户还是坚决表示他们以后再也没有合作的可能。

本来一场精心准备的发布会，怎么会变成这样？

原因就出在主持人身上。原来，这次请的是一档娱乐节目的主持人。刘经理觉得他的主持风格活泼幽默，善于调动气氛，来主持新闻发布会肯定没有任何问题。

但他没有想到，这次请来的嘉宾都是比较有身份的人，和主持人的娱乐风格并不太搭。

所以，尽管主持人使出浑身解数，还是无法调动来宾的积极性，好几次都出现了冷场的情景。

尽管主持人也知道发布会的时间是两小时，但在那种情况下，实在无法继续下去，只好匆匆结束。

在刘经理看来，自己在执行时没有出任何问题，他已经事先和主持人对过流程，对方也知道发布会要花两小时的时间，但没想到还是出了问题。

假如刘经理不把布置等于完成，而是考虑到种种变数，事先和主持人讨论一下来宾的背景，调整一下主持风格，甚至共同设计一些提问、互动的方式，那么，也许就不会造成这种局面。

所以，千万不要迷信承诺和布置，而要重视结果，并以结果来监控过程。

第一，任何执行之前，先想清楚要达到什么样的目的和效果，必要的话，逐条将它们列出来。

第二，要达到这些目的和效果，需要具备什么样的条件，应该采取怎样的方法，也逐条列出来。

第三，哪些条件是具备的，哪些条件是缺乏的，对于缺乏的条件，应该怎样弥补。

第四，对关键的条件一定要格外重视，确保到位。

（二）业务，都是"盯出来"的

天底下没有白吃的午餐，也没有白流的汗。

然而在工作中，很多人总想省事轻松，希望一次就能把事情做成，或者自己不去找客户，却奢望客户主动来找自己。

舍不得下功夫，却希望有好的结果，天底下哪有这么轻松的事？

业务，往往都是"盯出来"的，你不盯它，它肯定不会属于你。

小刘在一家知名的卫浴公司工作。一次，他在报纸上看到某家连锁酒店预计在半年之后开业，他立即想到，开业之前肯定要装修，要装修就一定用得到卫浴。于是，他马上去拜访了这个酒店的负责人。

但对方听他表明来意之后，并没有表现出对产品有特别兴趣。

于是他又拿出产品的质量认证书，以及之前公司合作过的各大酒店的名单给对方看。这一下，酒店负责人似乎有点动心了，于是问了小刘几个有关产品的问题，并让小刘把名片和资料留下，说等有需要就联系他。

小刘满怀希望地等了几天，但没有等到这家酒店的任何消息，于是小刘又主动打电话邀请酒店负责人出来吃饭。

饭桌上，两人谈得不错，气氛也挺融洽，酒店负责人表示，如果预算计划出来后，会主动联系他。

既然客户都这么说了，那就安心等吧。然而等来等去，却一直没有消息，偶尔小刘也想给对方打个电话，但又想，肯定是预算还没批下来，要他肯定会给我打电话的，就再等等吧。

然而，让他万万没想到的是，一个月后，那家酒店从小刘所在公司的另外一家分公司的销售员手里购买了同样品牌的浴具，而且几百间客房全部是同一产品。

听了这样的消息，小刘后悔莫及，为什么自己没有盯住这个大客户呢？

那为什么同样的品牌，别人就销售成功了呢？看看别人是怎么做的：

一听客户有购买意向，立即就给客户制作了价格表，并且将样品拍下来，送给客户看。

主动去客户的酒店房间测量面积，帮助客户定下最合适的型号。

和客户保持密切的联系，客户有任何需求，都第一时间去解决……

因为没有"盯住"，小刘和本该属于自己的业务擦肩而过。

小刘的错误，就在于过于轻信承诺。当客户有意向的时候，一定要牢牢盯住，千万不要被客户"到时我再跟你联系""等等再说""有合适的机会一定合作"这样的话所忽悠，因此被动等待，这往往都是客户的托词。

其实，不只是上述这种项目合作如此，干任何事情都需要"盯"，即加强落实。有一句话说得好："到手的才是真实的。"只有不断落实，不断"盯"，你要的结果才有可能出现。

在执行的过程中，最重要的就是落实，一点不到位，一点没盯紧，就会让整个执行效果大打折扣。

那么，在执行的过程中，该如何反复盯，才能落实出效果来呢？

第一，上级对下级，要做到 5 点：

（1）绝不相信"布置等于完成"。

（2）第一时间向下属明确任务的标准和要求。

（3）要求下属对完成任务的时间做出承诺。

（4）定时询问下属工作的进度。

（5）在一定时期要走到下属身边，检查他们的工作内容，及时发现问题，纠正偏差，确保任务完成的质量。

第二，对待客户或合作者，要做到 4 点：

（1）不把"承诺等于兑现"。

（2）每次都要求对方明确给出答复或者完成的具体时间，并且养成立即记录在记事本上的习惯。

（3）到了约定的时间，一定要及时核实。如果对方表示没有完成，要问清楚原因，商讨下一步解决方案，以及解决的具体时间。到了这个时间，再一次确认、核实，直到问题解决、最终结果出来。

（4）重要的事项，不要光口头说，而要形成文字，双方都按文字上的要求和说明走。

（三）想要的效果不出来，就得"一抓到底"

不少时候，我们抓某项工作，想要的效果没有出来，有的人就"随他去"了。但最好的执行者，却拥有狠抓、猛抓落实的功夫，不达到理想的效果，决不罢休。

且看格力集团的董事长董明珠是如何做的。

当年，她刚当上总经理，发现一个很奇怪的现象——格力集团出现了罢工现象。

在开会的时候，有的干部说，现在的员工太刁蛮、太难管。但董明珠仔细一分析，发现并不是这么回事。关键是干部队伍出了问题，带来了一系列不好的现象，导致了员工的不满。

那么该怎么办？她所做的第一件大事就是，整顿干部作风。但开了干部作风整顿会议以后，一些干部希望她"光打雷不要下雨"。为此，董明珠想了一个办法：为了听到一线工人的真正声音，设立总经理信箱。

但此举推出后，却没有什么效果。如果是一般人，可能就这么过去了，或者改用其他方法。但是董明珠不一样，她非要弄清楚为什么没效果。她通过观察思考，终于找到了症结：

原来，总经理信箱都摆在厂长办公室的门口。这样一来，如果有人写了投诉信丢到信箱后，厂长等领导很容易就知道是谁干的。假如总经理找厂长谈话或要处理厂长，那厂长很容易就知道是何人所投的信件。那么，可能的结果就是，有人会给这位投诉人"穿小鞋"，甚至"炒他的鱿鱼"。这时，谁还敢投诉呢？

于是，董明珠采取了一个绝招：在食堂、厕所，反正看不见的角落，全部都挂上总经理信箱。

这样一来，效果立竿见影。最多的时候她收到过七百多封给总经理的投诉信。公司根据这七百多封投诉信，找出了问题，也找出了工作中的差距，并练就了一批优秀的干部。

全国政协原主席李瑞环在他所著的《学哲学 用哲学》一书中，讲述过如下精彩观点：

"我有一段常念的歌，叫：抓紧、抓细，抓具体，抓住不放，一抓到底。任何工作都要抓紧、抓实，抓工程特别是重点工程，一定要抓狠，心不狠，容易动摇；手不狠，容易落空。"

要想"不落空"，就得"一抓到底"！

三、将"无缝对接"落实到每个环节

"无缝对接"是指在执行过程中紧密周到，不漏掉任何一个环节。

执行的过程往往是环环相扣的，要达到预期的结果，就必须保证哪一点都不能出问题，每个环节都要落实到位。

（一）预防"关键时刻掉链子"

2008 年，举世瞩目的奥运会在北京召开。全世界的观众除了欣赏到一场场精彩的比赛之外，还被开幕式那恢宏的气魄、美轮美奂的表演深深地折服。可以说，这是历史上最成功的开幕式之一了。

在这次开幕式上，有一个引人注目的细节：篮球巨星姚明牵着地震小英雄林浩一起出现在大家面前。

9 岁的林浩在"5·12"汶川特大地震中救出 10 名同班同学，成为人人称赞的小英雄。

当姚明抱起小英雄林浩的时候，很多观众都感动得热泪盈眶。

但是，任何工作都有考虑不周的地方。观众们可能根本没有想到，这次开幕式也曾因为有一点考虑不周，差点出了一个不该出现的错误：

因为一个环节没有到位，这位地震小英雄差点进不了场！

事情是这样的：

当时，奥运会开幕式组委会觉得在这个重大的节日中应该把中国这一年的重大事件展现给世界，想到前几个月发生的四川地震时，大家商量着可以找几个点来展现中国人民抗震救灾的精神。

于是，大家拿出了很多种方案，开会讨论后，大家认为不宜将地震带给大家的伤感过多地在节日中表现，于是选择了一个"亮点"。

让"地震小英雄"林浩和旗手姚明一起出场。假如让这么一个小孩与"篮球巨人"姚明一同牵着手亮相，肯定会有震撼性的效果。

当时设计的情景是让林浩和姚明一起走过主席台，同时由广播来播报"小英雄"的事迹。这个想法得到了各级部门审批通过，可是却疏忽了一个环节：没有报到中国队领队那一级。

而当时，姚明也不知道有林浩和自己一起走过主席台的安排。

当姚明挥动着鲜艳的五星红旗快要走到主席台的时候，林浩还没有出现，因为当时林浩正被领队挡在外面。因为领队并不知道有这样一个环节，自然不会让一个小孩子随便进去。

工作人员来不及向领队解释，赶紧一把把林浩抢了过来，抱到姚明跟前。

这时，广播中已经开始介绍地震小英雄的事迹。

因为听不清楚广播，看到自己面前突然出现一个孩子，姚明一开始并不明白是怎么回事，但他很聪明，马上就反应过来了，牵着林浩的手走向主席台……

这一情节，是北京奥运会开幕式组委会有关人士在总结经验教训时向新闻界披露的。在谈到这一情节时，他们很客观地说明了强化执行、执行到位的重要性。

应该说，这次奥运会的开幕式，总体的执行力是世界上少见的优秀，而姚明牵着林浩这个策划最终结果也很圆满。但反思其差点失误的过程，也不得不让人觉得后怕。

如果不是工作人员反应快，如果不是姚明聪明，那么就有可能出现两种情况：

一是这边广播里已经开始播放小英雄的有关事迹，那边却连小英雄的身影都没有看见；二是小英雄进来了，但姚明根本就不知道是怎么回事，甚至把小英雄晾到了一边。那会是什么场面？

很多管理者在谈到工作中最害怕的事情时，几乎不约而同都会提到"关键时刻掉链子"。

所谓"掉链子"，就是那个关键的地方脱节了，如果是关键时刻"掉链子"，就会造成想象不到的事故，导致"一着不慎，满盘皆输"，能不警惕吗？

（二）"不放过每个细节，不放过每个环节"

要避免上面的问题，就要在不放过任何细节和环节上下功夫。关于如何做好细节的功夫，可参阅下一章《执行要用手，更要用脑》。关于如何抓好每一个环节，不妨学习原中央电视台知名主持人王利芬提出的"环环相扣，无缝对接"：

执行是一个整体，不能光想到一点，而漏掉其他，要想达到最圆满的结果，就必须将每一个环节都要考虑周全。

王利芬当时是中央电视台著名栏目《对话》《赢在中国》负责人。王利芬经常讲到的一点就是：在执行中，要实现"环环相扣，无缝对接"。

就拿深受观众欢迎的《对话》栏目来说吧，据总结，该栏目竟有81道工序。每一个环节都不能错。仅仅如何安排现场观众入场这一部分，就有四个环节：

第一环：为了保证现场气氛，导演助理会跟每一个观众通电话，询问他们对节目的观点；

第二环：安排观众在节目录制时间到规定地点集合，有专门的人带进来；

第三环：进入演播大厅，这里有一个人负责让观众脱外衣，留下包和手机，另一个收取门票，同时还要提醒观众上厕所；

第四环：领位会安排每一位观众的座次，哪些是特殊观众，哪些坐前排。

仅仅是一个观众入场都要花上这样细致的功夫，而且让每一个环节都无懈可击！这就是王利芬倡导的"无缝对接"。

王利芬说："一个好的谈话节目应该像一条开得特别好的船，浪花飞溅，乘船的人感到舒畅并能给观众的现实生活有所启发，这就达到目的了。"

王利芬的做法，给我们树立了一个很好的榜样。

总体来说，作为一个最好的执行者，无论做什么事情，都应在以下三个方面下功夫：

第一，先明确执行要达到的结果与标准。

第二，把达到这些结果和标准要做的每一件事情、每一个环节都想清楚并写下来。

第三，对每一个环节都抓细抓实，让环节间实现"无缝对接"。

做到上述各条，才能确保工作不"掉链子"，才能落实到位。

第六章　执行要用手，更要用脑

在前面我们说过执行要有"大智若愚"的精神，但并非是说只机械地、不重视效率地执行。恰恰相反，执行不仅要动手，更要动脑。

有一些人，整天很努力地工作，劳心劳力，勤勤恳恳，但却总是没有多少成绩。原因很简单：

他们只懂得动手干，不懂得动脑干。

我们既要努力工作，更要智慧地工作，要用手，更要用脑。这样的执行才更有效果和效率。

一、从"埋头苦干"到"抬头巧干"。

二、出彩，但不出事。

三、"三管好"才有"三解放"。

一、从"埋头苦干"到"抬头巧干"

相当一段时间内，我们都强调"埋头苦干"，但随着社会的发展，要提高效率，光"埋头苦干"已经不够，还得"抬头巧干"。也就是说，要多想方法，终止无效或低效的努力，让工作和执行更为高效。

（一）苦干不够，还得想方法

这就是说要重视用脑办事的意识，用更有效的方法解决问题。

我们先来看一个案例：

小张和小林同时进入一家公司做销售，论年龄，两人相差无几；论学历，也不相上下；论工作经历，两人都曾经在别的公司做过一年销售。两人的起点可以说是一样的，但两个月后，差距就出来了：小张一个单子都没出，而小林却成为销售冠军。

难道小林有什么秘密武器不成？

我们来对比一下两人打电话和拜访客户时有什么不同。

两人销售的目标都是大企业、大客户，但是打电话过去最先接触的往往是前台。

小张是这样打电话的：

"您好，请给我转一下采购部。"

前台："请问您找采购部的哪位？"

小张一下就被问住了，既然说不出具体要找的人，前台当然不会给他转。就这样，小张只好叹口气，再给别的公司打电话，可是在别的客户那里他又遇到了同样的问题，再次被拒绝。

就这样，两个月过去了，小张还停留在与前台的"攻防战"里。

那么，小林又是怎么打电话的呢？

第一次打电话过去：

"您好，请接采购部……哦，没有具体联系人不能接吗？没关系，小姐您的声音很好听，请问您贵姓？哦，李小姐，谢谢您，祝您工作愉快。再见。"

第二次打电话过去：

小林："李小姐您好，请帮我接下采购部。"

前台听到他一下就叫出自己的姓氏，以为是熟悉的人，便给接进了采购部。在采购部小林又遭遇了拒绝，但是他却问出了采购部经理姓什么。

第三次打电话过去：

小林："您好，我找采购部王经理。"

在与采购部经理进行沟通、问到客户的一些需求信息后，小林得知这家公司的采购最终还要由老总来拍板决定，于是又从采购部经理那里问到老总的姓名和联系方式。

第四次打电话过去的时候，小林就直接与企业老总进行沟通了。

总之，小林不会因为拒绝而止步不前，他总是尽量在电话沟通里问到尽可能多的信息，然后，在下次电话里利用这些信息帮助自己与对方沟通。只要可以，他会一级一级地问上去，一直问到可以做决策的最高管理人员那里。

找到拍板人，再进行推销就容易很多。

行动差一寸，效果就会差一丈。

比较了两人做事上的差别，就不难理解为什么一个只是低效率重复，而另一个却能成为销售冠军了。

从这个案例中，我们可以明白这样一个道理：

只有经过思考的行动，才是有质量的行动，才是真正能产生高效益的行动。

在职场中，不乏像小张这样的人，他们有热情，有勇气，想做事，但精神可嘉，方法却未必可取。很多时候，与其用头去撞墙，不如像小林那样，学会多想方法。方法一找到，效果就完全不同。

（二）执行要重视效率思维

看看我们周围，经常有这样一类人：表面上看，他们整天忙得不亦乐乎，但实际上，效率却并不理想。这是最不合算的。

对此，我们一定要强调效率思维，以最合算的时间做最有价值的工作，把有限的精力放在最有价值的事情上。

美国著名的管理学大师史蒂芬·柯维曾指出：

"一个努力的人没有达到应该有的效果，往往是由于他将劲儿使在不该使的地方。"

曾在中国惠普公司工作的高建华在他所写的《笑着离开惠普》一书中，写了这样一件事：

刚到惠普公司时，他担任的是市场开发部助理工程师的职务。当时，在公司入口处有一个透明房间，是专门用来给客户作演示用的。因为自己是所有助理工程师中唯一一个在进入惠普之前有工作经验的员工，所以被上司指定负责这个房间的管理，维护房间的整洁。

因为这个房间就在入口处，是公司的脸面，加上又离两位老总很近，所以，他对房间的管理很用心。

一天，他从外面回来，路过演示房时，发现房间里的机器放得乱七八糟，纸箱子满地都是，可能是哪个部门使用后没有整理就走了。于是他赶紧动手收拾，把机器摆好，把空纸箱放进仓库，又扫地擦桌子，忙得满头大汗。

　　这一幕正好被市场部的经理看到了，就让他收拾完后到自己那里去一下。

　　他想，自己干得这么辛苦，经理一定是要表扬自己。然而让他万万没有想到的是，经理不仅没有表扬他，反而把他批评了一通：

　　"我想告诉你的是，我不希望用一个工程师的薪水请你来，而让你去做打扫卫生的工作。"

　　在经理看来，应该让专业人士去做专业的事情。作为市场开发工程师，就应该去做市场开发工程师的事情。房间脏了，可以告诉打扫卫生的人，让他按照标准去打扫干净就可以了。

　　本来想表现一下，没想到却挨了批评，高建华刚开始也想不通。但慢慢地，他明白过来了，觉得领导的话是对的。如果自己将该做的事情不去做，把时间和精力花在了不该自己负责的细小事情上，那么无论对自己和公司，都是不合算的。

　　高建华的故事告诉我们：在工作中，我们提倡主动精神，有时即使不是自己分内的事，只要与单位工作有关，也应该主动关心甚至去做。但这是有前提的，那就是，也要与效率思维挂钩和单位的分工挂钩。

　　如果没人去做，自己顶上去，当然是可以的。但明明有人做，或者可以通过有效的途径让有关的人做得更好，那么自己再"越位"去做，无论对单位还是自己，都未必是最好的方式。

　　能走决不爬，能跑决不走，这正是最好的执行者，时刻要求高效的写照。

二、出彩，但不出事

工作一定要做得出色，这叫出彩。

但是一定要避免犯错，这叫不出事。

许多执行者都重视出彩，却不重视不出事。这就格外需要用冷静的大脑，为自己的行为把关。

（一）警惕"万事忙中错"

许多问题的出现，是因为太忙，或情况紧急，或事情太多忙不过来。结果越忙越乱，越乱越错。

这时候，就应要注意：

越是忙，越是乱，越要谨言慎行。

2018 年初，一则新闻刷屏：

2018 年 12 月 31 日晚间 11 点 31 分，华为官方 Twitter 账号以华为全体员工的名义，发送了一条面向全世界的 2019 年新年祝福，但在推文下方，却出现了 via Twitter for iPhone 的字样；由此可知，华为的这条推文是通过美国苹果公司的 iPhone 手机发送的。虽然华为很快删除了这条推文并重新发送，但还是有网友截图，并在网上大规模传播。

众所周知，华为手机与苹果手机是竞争对手。在向全球发祝福的重大时刻，所用的手机不是自己的，却是竞争对手的。这样的做法，不是为对手添彩，损害自己公司形象吗？

事件发生后，有关责任人都受到了华为公司总部的严厉处罚：直接责任人职级降级，月薪下调 5 000 元；华为的数字营销团队主管也受到职级降级的处罚，月薪下调 5 000 元，同时个人职级晋升和涨薪冻结 12 个月。华为的年终奖都比较高，据说这一小小的动作，有关主管的年终奖至少会丢掉 25 万。

那么，这件事情是怎么发生的呢？

华为公司需要在跨年的 0 点发出祝福，因为 VPN 网络出现问题导致电脑无法发送，为了赶在跨年时间点发布，有关人员便改用 iPhone 手机插入香港电话卡发出，未曾想这右下角的小标居然忘记了设置，显示这则发布在华为官方账号上的推特居然来自苹果！

工作人员发完推特后再次检查也发现了这个问题，不到一分钟就删除了，却还是被手快的外国网友截了图，最终导致了华为 Twitter 事件。

这就是"出事"，捅了个超大的马蜂窝！本来，2018 年的华为，在各方面都是捷报连连，但因为这一事件，形象就受到了影响。

出现这样的问题，其实就是相关责任人缺乏大局意识和责任意识，也是因为赶时间，在手忙脚乱之际，犯下了不该犯的错误。

很多时候，我们一忙起来，经常就会说错话、做错事，给自己带来大麻烦。

其实，越是忙乱的时候，越要保持镇静：

第一，永远谨记"万事忙中错"，所以平时要尽可能养成从容不迫的素养；

第二，重要的事情记下来做；

第三，多样的事情分开来做；

第四，提前做好预备方案，出现变故，就能用预备方案替代，免得手忙脚乱。

（二）警惕"冲动犯大错"

有一句话叫"冲动是魔鬼"，有时候，错误的发生，不在别处，就在身边。

美国著名将军乔治·史密斯·巴顿，因为自己的"不慎言"，留下了终身遗憾。

巴顿将军以作战勇猛顽强，指挥果断而闻名，也因此受到很多人尊敬。然而，他在言行上却不懂得约束自己。

1943 年 8 月，巴顿到后方医院探望在第二次世界大战中受伤的伤员。就在他要离开医院时，看到一个并没有受伤的年轻士兵在包扎所发呆。

询问之后，士兵告诉巴顿，医生说他的精神可能出了一点问题，患上了"战争忧虑症"。

然而，巴顿不仅没有安慰这位在战争中心灵受到创伤的士兵，反而觉得他这是胆小鬼的表现，因此挥手给了士兵一个耳光，并骂道："你他妈的分明是个胆小鬼，狗娘养的。"

后来，在另外一个后方医院，巴顿又遇到了一个类似的士兵，结果他又给了这位士兵一记耳光。

两记耳光的事迅速在医院和部队传开了，后来，尽管巴顿在上级的要求下向两位士兵道了歉，但这还是极大地影响了他爱护士兵的形象。

还有一次，在军事记者招待会上，他对盟军的非纳粹化计划提出了非议："如果军管政府雇用更多的前纳粹党员参加管理工作和作为熟练工人，那么军管政府会取得更好的效益。"

这些言论严重地损害了盟军的政治形象。

后来，在各种舆论和政治力量的压力下，巴顿被免去了第 3 集团军司令和驻巴伐利亚军事长官之职，被任命为有名无实的第 15 集团军司令，任务是带领有关文职人员整理二战欧洲部分的军事史。

就这样，曾经叱咤风云的巴顿，这时不得不告别自己心爱的战场，这样的状况，一直持续到他因车祸去世。

为什么一个优秀的人，最后却是这样的结局？

很关键的一点，就是他虽然能出彩，但是又出事！

尤其是因为冲动而出事。

出彩，谁都喜欢，出事，谁都不愿意。

所以越是优秀的人，越要谨言慎行。

三、"三管好"才有"三解放"

要想在工作中做到"能走决不爬，能跑决不走"，可以利用"三管好"来提高工作效率：

管理好时间，可以减少执行中的随意性，从低效无功中解放出来；

管理好计划，可以减少执行中的无序性，从杂乱无章中解放出来；

管理好文档，可以减少执行中的无效性，从重复消耗中解放出来。

下面我们分别来看一下这"三管好"在执行中的运用。

（一）管理好你的时间，从低效无功中解放出来。

很多人都在抱怨时间不够用，每天忙得不可开交，甚至不得不加班才能把工作做完，可是这样不仅谈不上效率，更未必有效益。天天如此，月月如此，时间一长就觉得压力太大，对工作产生了厌倦感。

如果我们能把时间管理好，就不会这样烦恼了。

公司市场部的小王刚开始做业务的时候，每天要打几十个电话，发近百份邮件。她经常是查完资料后给一位客户打完电话，然后发邮件，再查另一位客户的资料，打电话沟通、发邮件。如此循环往复。

步骤看起来是挺有条理，可是效果并不好，一天下来也联系不了几位客户。后来她总结了经验和教训，给自己做了一张时间分配表：

（1）上午8：30—9：00是打电话的准备期，主要是熟悉今天要联系的客户的基本情况。

（2）上午9：00—11：00是打电话的黄金时间，所以要在那段时间多打电话。

（3）上午11：30—12：00是集中发邮件的时间。

（4）下午1：00—2：00是查客户资料的时间，主要是查客户的企业文化和企业的培训动态。

（5）下午2：00—4：30集中打电话回访。

（6）下午4：30—5：30发邮件或整理明天的客户名单。

这样一来，每个时间段该干什么就一目了然，像查资料和发邮件这样的琐事集中处理，其他时间做客户联系和回访。

时间表的合理安排一经运用纯熟，小王的工作效率就有了大幅度的提升，可以从容地完成工作内容了。

小王使用的时间表就是时间管理的一种十分便于操作的方法，我们在做其他工作的时候不妨也采取制作时间表的方法给自己规划一下，肯定是对工作大有益处的。

在时间管理方面，华为集团可谓是深有研究。据《IT时代周刊》所载，华为公司对于时间管理有四大法宝：

法宝一：以SMART为导向的华为目标原则

目标原则不单单是有目标，而且是要让目标达到SMART标准，这里 SMART 标准是指：

具体的（Specific）。即目标必须是清晰的，可产生行为导向的。

可衡量的（Measurable）。即目标必须用指标量化表达。

可达到的（Attainable）。这里"可达到的"有两层意思：一是目标应该在能力范围内；二是目标应该有一定难度。

相关的（Relevant）。即与现实生活相关，而不是简单的"白日梦"。

基于时间的（Time-based）。即目标必须确定完成的日期。

法宝二：关注第二象限的华为四象限原则。

根据重要性和紧迫性，可以将所有的事件分成四类（即建立一个二维四象限的指标体系），它们分别是：

第一类是"重要且紧迫"的事件，例如，处理危机、完成有期限压力的工作等。

第二类是"重要但不紧迫"的事件，例如，防患于未然的改善、建立人际关系网络、发展新机会、长期工作规划、有效的休闲等。

第三类是"不重要但紧迫"的事件，例如，不速之客、某些电话、会议、信件等。

第四类是"不重要且不紧迫"的事件，即"浪费时间"的事件，例如，阅读令人上瘾的无聊小说、收看毫无价值的电视节目等。

在第一象限与第二象限的处理上，人们往往更关注第一象限的事件，这将会使人长期处于高压力的工作状态下，经常忙于收拾残局和处理危机，这很容易使人精疲力竭，长此以往既不利于个人也不利工作。

法宝三："赶跑时间第一大盗"的华为韵律原则。

日本专业的统计数据指出，人们在工作中平均每 8 分钟就会受到 1 次打扰，每次打扰大约是 5 分钟，这样统计下来，每天因打扰而产生的时间损失就是 5.5 小时。按 8 小时工作制算，这就占了工作时间的

68.7%。

华为也明显认识到这一点，所以提出"打扰是第一时间大盗"，并提出了自己的时间管理法则——"韵律原则"，它包括两个方面的内容：一是保持自己的韵律，如，对于无意义的打扰电话要学会礼貌地挂断，要多用打扰性不强的沟通方式（如 E-mail）等；二是要与别人的韵律相协调，例如，不要唐突地拜访对方等。

法宝四：执着于流程优化的华为精简原则。

执行步骤越多，工作的困难度就越可能增加，所以无论是个人工作的流程，还是部门工作的流程，华为都主张以精简为原则。

华为的员工小宁说：

"我现在最大的爱好之一，就是分析工作流程的网络图，每一次能去掉一个多余的环节，就少了一个工作延误的可能，这里意味着大量时间的节省。这两年来，我去掉的各种多余工作环节达 70 个，粗略评估一下，这里省下的时间高达 3 000 多个小时，也就是 120 多天啊。"

现代管理大师彼得·德鲁克说过：不能管理时间，便什么都不能管理。

最好的执行者应该能够管理好时间，杜绝工作中的随意性，将自己从低效无功中解放出来，真正做到高效率和高效益。

（二）管理好你的计划，从杂乱无章中解放出来

"啊呀，忙了大半天，居然忘记把合同打印出来，这可耽误大事了！"

"真是头疼死了，每天的事情都那么多，也不知道先做哪件才好，真是手忙脚乱的。"

类似这样的抱怨我们可能经常听到，有很多人在工作中会陷入一

种杂乱无章的状态，要么是事情都堆在一起，不知道该先处理哪件，只能眉毛胡子一把抓，结果哪件事都做不好；要么就是做了这件事忘了那件事，往往把小事都处理完了，可真正重要且紧急的工作却还没有做。

要想解决这种问题其实不难，只要你在一天的工作之前先花几分钟时间给自己做一个计划。

我们的一位学员小于是个秘书，做事没有计划性，一忙起来就会丢三落四，常常是琐碎的小事都做好了，重要的项目却给遗漏了。为此她没少挨领导批评，甚至差点被辞退。

之后，她参加了我们的高效工作培训班。我教她每天上班前抽出十分钟给自己列个工作计划，上面用简洁明了的句子一一列明当天要做的工作，从重要的工作如安排与客户会面时间、邮寄合同，到修理打印机这些小事，所有的工作都写得清清楚楚。

根据工作内容的轻重缓急，分别用不同颜色的笔在上面标注，最重要和最紧急的事用红色笔注明，比较重要但不紧急的事用蓝色笔。

这样每天工作的时候就先做有红色标记的，再做蓝色标记的，每做完一项都在该条目的后面打个钩。等到下班的时候只要看一眼表格，就知道自己哪些工作完成了，哪些工作没完成，哪些工作是要转移到明天去做的。

一段时间之后，小于高兴地对我说：

"老师，我觉得现在工作轻松多了。只要看看计划表，我就知道先做什么后做什么，也不会再一忙起来就忘这忘那了。"

"红色标记的最先做"，这只是个列计划的小窍门，真正重要的不是你用哪种颜色来做标记，而是你是否给自己的工作做了计划。

计划可以帮助我们高效地工作，在有限的时间里做正确的事。

（三）管理好你的文档，从重复消耗中解放出来

文档的重要性已经越来越被大家意识到，甚至有人提出"没有文档就没有管理"。这当然不是危言耸听。

为什么我们总是有大量的时间花在重复无效的工作上？就是因为我们没有管理好文档。不同的工作岗位有不同的文档，比如，编辑有不同的文稿档案、资料档案，办公室行政也有各项事务的档案，销售人员有管理客户的档案等。把这些文档整理清楚，可以帮助我们节省不少时间，提高工作效率。

我想管理好文档至少有以下三个好处：

（1）文件分门别类地管理，看起来不乱，找起来方便。

（2）可以对自己的工作做到心中有数，一旦需要用到以前的资料，马上就可以找出来。

（3）当现任岗位的负责人离职时，接手他工作的人只需要查阅他以前建立的文档，就可以了解工作内容和进度，不需要领导再花时间教新人怎么做。

不论是管好时间还是管好计划、文档，归根结底都是为了高效地执行，为了让我们在工作中节约时间、提升效率、获得最大效益，而这也正是一个最好的执行者做事的方法。

第七章　彻底告别"差不多先生"

　　如果要评工作中的十大口头禅，"差不多"一定名列其中。不少人不仅自己经常说，也常常会听到别人这么说。

　　"差不多"是为自己不负责、不专业找的最好借口，在"差不多"的掩盖下，就可以心安理得地不用心、不钻研、不深入，有了"差不多"当挡箭牌，即使这有缺陷，那有错误，也觉得理所当然。

　　"差不多"？实际是差多了！要想做好执行，就要和"差不多"心态彻底决裂，不是事事"差不多"，而是处处"零缺陷"。

　　一、永远不当"差不多先生"。

　　二、改"差不多"为"零缺陷"。

　　三、将细节做到完美。

一、永远不当"差不多先生"

（一）警惕中国人身上的"差不多先生"

"差不多先生"是著名文学家胡适先生写的一篇文章中的主人公，我们且看胡先生在"差不多先生传"一文中，对他的生动描述：

差不多先生的相貌和你和我都差不多。他有一双眼睛，但看的不很清楚；有两只耳朵，但听的不很分明；有鼻子和嘴，但他对于气味和口味都不很讲究。他的脑子也不小，但他的记性却不很清楚，他的思想也不很细密。他常常说："凡事只要差不多，就好了。何必太精明呢？"

他小的时候，他妈叫他去买红糖，他买了白糖回来。他妈骂他，他摇摇头说："红糖白糖不是差不多吗？"

他在学堂的时候，先生问他"直隶省的西边是哪一省？"他说是陕西。先生说，"错了。是山西，不是陕西。"他说："陕西同山西，不是差不多吗？"

后来他在一个钱铺里做伙计；他也会写，也会算，只是总不会精细。十字常常写成千字，千字常常写成十字。掌柜的生气了，常常骂他。他只是笑嘻嘻地赔小心道："千字比十字只多一小撇，不是差不多吗？"

有一天，他为了一件要紧的事，要搭火车到上海去。他从从容容地走到火车站，迟到了两分钟，火车已开走了。他白瞪着眼，望着远远的火车上的煤烟，摇摇头道："只好明天再走了，今天走同明天走，也还差不多。可是火车公司未免太认真了。8：30开，同8：32开，不是差不多吗？"他一面说，一面慢慢地走回家，心里总不明白为什么火车不肯等他两分钟。

有一天，他忽然得了急病，赶快叫家人去请东街的汪医生。家人急急忙忙地跑去，一时寻不着东街的汪大夫，却把西街牛医王大夫请来了。差不多先生病在床上，知道寻错了人；但病急了，身上痛苦，心里焦急，等不得了，心里想道："好在王大夫同汪大夫也差不多，让他试试看罢。"于是这位牛医王大夫走近床前，用医牛的法子给差不多先生治病。不上一点钟，差不多先生就一命呜呼了。

差不多先生差不多要死的时候，一口气断断续续地说道："活人同死人也差……差……差不多，……凡事只要……差……差……不多……就……好了，……何……何……必……太……太认真呢？"他说完了这句格言，方才绝气了。

胡适先生说，每个人都知道"差不多先生"，是因为很多人或多或少都能从他身上看到自己的影子，甚至犯和他一样的毛病。

的确如此，很多人在做事时，体现最多的问题之一，就是"差不多先生"的做法。要保证执行到位，就要自觉地不让"差不多先生"在工作中出现。

有这样一则关于周恩来总理的故事：

一次北京饭店举行涉外宴会，周总理亲自去了解饭菜的准备情况。

他问其中的一位负责人说："今晚的点心是什么馅的？"

这位负责人就随口回答说："大概是三鲜馅的吧。"

"什么叫大概？究竟是，还是不是？客人中间如果有人对海鲜过敏，出了问题谁负责？"

这时，这位负责人才意识到自己考虑不周全，于是吩咐厨房做了不同馅的点心，客人可以根据自己的口味进行选择。

这位负责人的"大概"其实就是"差不多"、对工作不够细致的表现。

而执行要到位，要的不是"大概"，而是准确，绝对不能满足于"差不多"。

（二）差之毫厘，谬以千里

"差不多"既是不负责的态度，又是不严谨、考虑不周全的表现。

执行要到位，就不能有任何"差不多"的想法和行为出现，否则就会差之毫厘，谬以千里！

协和医院著名妇产科专家林巧稚医生，对待工作和病患的态度就非常严谨和周全。

林巧稚曾治疗过一位叫董莉的患者，当时医院检查出董莉的宫颈有乳突状肿物，初步诊断为宫颈癌，建议她尽早动手术切除子宫，防止癌细胞扩散。

可是，董莉当时正在怀孕，如果动手术的话，不仅要失去这个孩子，以后也不可能再怀孕了。

手术方案放在林巧稚的办公桌上。按照一般人的做法，既然医院已经作出了诊断，那么赶紧签字好了，这样患者也不会说什么，自己也不用承担责任。

但她却迟迟没有签字。因为通过对孕妇的观察和自己多年治疗的经验，她觉得董莉患的可能不是宫颈癌。

当时林巧稚面临的压力可想而知，因为毕竟这只是一种"可能"，万一自己判断错误，患者得的就是宫颈癌，那么拖的时间越久，就越有可能错过治疗的最佳时机。

抱着对患者高度负责的精神，林巧稚顶着巨大的压力与风险，一次一次地给董莉做检查，一次一次地认真记录检查结果，反复研究病理检验报告，查阅大量国外的资料。经过慎重的研究，林巧稚认为这种症状很可能只是一种特殊的妊娠反应，不需要手术。

在林巧稚的坚持下，董莉顺利生下了一个 6 斤重的女婴，而伴随着她整个孕程的宫颈肿物也自然消失了。几年后医学界得出结论，董莉所患的病是一种特殊的妊娠反应，并不是真正的肿瘤。

那个在林巧稚的守护下出生的孩子，被取名为"念林"。

我清楚地记得，当我从《协和医事》这本书中看到这一故事时，不仅很受震撼，而且很受感动。

很受震撼的是：在医院里，要发生医疗事故，是何等容易的事啊。就像这个案例，假如大家只把工作停留在"差不多"的表面现象上，将产妇的病确定为宫颈癌开刀，病人当然只能照办。

其结果是：产妇不仅为自己没有的病接受手术，经受不必要的伤害，而且也失去了本应保住的孩子。

更让人难以接受可有时又不得不接受的是：即使发生这样的事故，假如医院方面不主动检举和揭露，就很可能被认为是一个正常的手术。即使是事故，病人及其他人也无法得知。

而很受感动的是：

林巧稚抱着最负责的态度，最终找到了产妇的"病因"——原来不是大家认为的宫颈癌，这不仅为产妇免除了手术的痛苦和经济上的损失，而且也为其保住了一条生命！

或许我们从事的并不是医生的职业，工作的一点偏差不会引起那么严重的后果，但是请永远记住：

不管是任何工作，只要工作不到位，都有可能引起不好的后果，有时还会引来巨大的事故！

一个真正负责的人，一定会警惕"差之毫厘，谬以千里"！

责任心是工作到位的核心。责任能到位，工作就容易到位！

二、改"差不多"为"零缺陷"

既然"差不多"心态会对工作和执行造成如此不好的影响，那么，我们就要尽力向它宣战，力求工作中少一些差错，最好能达到"零缺陷"的效果。

（一）要想工作"零缺陷"，多用"找错"放大镜

要想让自己的工作做到"零缺陷"，方法只有一个，就是多用"找错"放大镜，将错误一一找出来并且解决，工作自然就无可挑剔了。

然而，我们大多数人的习惯是，做的时候图省事，懒得多想，过得去就行，等结果出来了，才发现这里可以做得更好，那里还有不少改进的空间，但往往效果已经打了折扣。更可怕的是，长此以往，就会陷入一种恶性循环：反思倒是经常用，就是体现不到行动上来，这次不到位的，下次还是不到位，这次没改的，下次还是坚决不改。

小泽征尔是世界著名的指挥家，有一次，他到沈阳为辽宁交响乐团上演的曲子做指挥。

在很多人看来，像他这样享誉世界的指挥家，对于这样的一次指挥，那是再容易不过的事情。但他却推掉了所有活动，专心排练。

到了第三天，乐队的演奏可以说几乎完美了，团长劝他休息一下，因为这样的演奏水平已经是前所未有的了。

但小泽征尔却认为并没有达到最好的水准，因为有一个小提琴手有一个音准总也不能到位。

按照我们的想法：一个小小的音准也不会影响整个演奏水平，何必那么较真呢？况且，他是世界级的著名指挥家，能够来这里给大家

表演，已经是观众可遇而不可求的事情了。

但是，小泽征尔却没有放过这样的小小细节，在演奏的过程中，小提琴手一次次被叫停，一次次被纠正。

看着大师已经累得汗流浃背，最后竟然累得跪在地板上指挥。小提琴手既内疚又着急，眼泪都差点掉下来，于是请求小泽征尔把他换掉，另选他人。

但小泽征尔却很平静地说："你行，只差一点点，请再来一次。"

在小泽征尔的鼓励下，小提琴手最后终于纠正过来，赢得了指挥大师的点头微笑。

这次演出得到了所有沈阳听众的一致好评。

一个小小的音准错误都绝不放过，这就是专业！哪怕再小的错误，都用放大镜找出来，用心去纠正。这样的工作态度，"差不多先生"哪有立足之地？"零缺陷"是不是容易达到呢？

（二）常说没事，就会有事；常怕有事，就会没事

在工作中，我们常常听到这样的话："没事，肯定没问题。"如果真的没有问题当然很好，但往往这时候，问题就会出现。

自认为"没事"，往往就会将疏忽变成隐藏在我们身边的"内奸"根源，也是导致执行不到位的大敌，甚至会引起灾难。

常说没事，内心就会充斥不会出事的想法，于是疏忽大意、冒失冲动，问题就出现了。

这时候，我们就要提高警惕。变"常说没事"为"常怕有事"，这样一来，就会更加细致认真，唯恐出现任何差错，反而会没事了。

为了准备人类第一次载人太空飞行，苏联宇航局从 1960 年 3 月起开始招募宇航员。

经过层层筛选，最后只留下来几个人。其中，一位叫邦达连科的宇航员得到了主设计师科罗廖夫的极大赞赏，大家一致认为他当选的可能性最大。

然而，就在邦达连科进行为期 10 天的地面训练的最后一天，灾难降临到了他头上。

这天，邦达连科在一个高浓度氧气舱里，用酒精棉球擦完身上固定过传感器的部位后，随手将它扔掉。

不料带着酒精的棉球正好掉在了电热器上，立即引起大火。邦达连科没有及时逃脱，被严重烧伤，在送往医院 10 小时后，因抢救无效死亡。

就这样，邦达连科成了"第一个遇难的航天员"。

只是他并不是死于空中的灾难，而是死于他自己制造的灾难。由于没有意识到隐患的存在，结果他成了隐患的牺牲品。

这样一来，苏联航天局不得不再挑选一位优秀的宇航员执行第一次上天任务。

邦达连科事件让苏联航天局在挑选宇航员时变得格外挑剔和严格，他们希望挑选出最细心、最有安全防患意识的宇航员。

没过多久，当带领受训宇航员参观尚未竣工的"东方"号宇宙飞船陈列厂时，主设计师科罗廖大问："你们有谁愿意试坐？"

一位叫加加林的年轻人报了名。

在进入飞船前，加加林脱下了鞋子，只穿袜子进入还没有舱门的座舱。加加林的这个举动一下子赢得了科罗廖夫的好感。

最后，苏联航天局决定让加加林驾驶"东方一号"执行飞行任务。加加林也由此成为了第一个进入太空的宇航员，被人们尊称为"太空第一人"。

一个是"第一个遇难的航天员",一个是"太空第一人",二者有多大的差距?

关键在于一个疏忽大意,对一些不良的小动作,认为"没事"。而另外一个,则对隐患格外警惕,在任何小的方面都格外注意。

我们都应该避免像邦达连科这样总觉得"没事",而要学会像加加林那样"常怕有事"。这样,就能避免许多问题和事故的发生。

(三)多用"数量词",少用"形容词"

所谓形容词就是"很好""不错"之类的词,而"数量词"是具体的数字,比如,"3天能把工作完成""总共有 65 人参加会议""有 3 点需要我们特别注意",等等。在这一点上,我们学学周恩来同志是怎么做的。

《人民政协报》曾刊登过一篇名为《在周恩来副主席身边工作二三事》的文章,在周恩来同志身边工作过多年的吴宗汉讲了这样一件事:

一次,周恩来让他派人送一份文件。这个文件很急,于是他立即去办。过了一会,周副主席问他:"小吴,你派的人走了没有?"

"走了。"

"走了多长时间?"

"老半天啦!"

"老半天是多少?一天有几个老半天?你不看看时间就随便说,没有准确性。"

他无言以对,面红耳赤。是呀,"老半天"这三个字他不知说过多少回,可它到底是多长时间,自己也不知道。

周副主席莞尔一笑,语气温和地说:"时间的概念很重要,尤其是在战场上，一分一秒都不能差。我们在国统区工作也是这样，无论说话还是办事都要有准确性。"

看了这个案例，相信很多人都有感触，因为我们平时在工作中，也经常使用类似的词。"老半天"是多久，不知道，"很长时间了"是多长，不清楚。而造成这种状况的原因只有一个：没落实。既不问，又不盯，当然没法具体。

落实了，问清楚了，把"形容词"转变成"数量词"，执行就更容易到位了。

三、将细节做到完美

上海黄金搭档有限公司是中国最有名的保健品公司之一。我曾应邀为该公司分布在全国的经理们讲课。课程结束后的当晚，我与该公司的创始人、著名企业家史玉柱交流。

在谈到如何做好企业时，他讲了这样一个观点：

"在确定正确的战略之后，最重要的一条就是把细节做到完美。"

这话很使人思考：史玉柱将企业在保健品领域做到了数一数二的位置，但他并没有说"余下最重要的一条就是把大事做到完美"，而是强调将细节做到完美。

其实，所有优秀的执行者都很重视细节，并力争把细节做到完美。

（一）小事放光就是大事

在工作中，不少人有这样的毛病：他们一心只想做大事，不愿做小事，一来觉得小事太烦琐，二来觉得做小事丢面子。他们觉得，以我的能力，怎么能去做这种小事，那不是大材小用、降自己的格、丢自己的份儿？

对此，不妨听一下明海禅师在与中欧国际商学院学员们交流时说的一句名言："小事放光就是大事！"

工作中哪有那么多轰轰烈烈的大事，就算有，也是由一件件小事组成。每一件小事都做好了，做到放光了，自然就成了大事。

那么，怎么做才能做到"小事放光"呢？

第一，就算再熟悉的事情，也要有最高的标准。

罗京是原中央电视台《新闻联播》主持人。尽管因为身患癌症已经故去，但他的音容笑貌、做事认真的态度，却深深刻在很多人的心里。

一位大学生说，她在小学三年级时听过罗京给他们录的《谁是最可爱的人》。找罗京录音的老师对他说，小朋友们听他的声音才会更爱解放军。罗京一听这话，一气呵成，将课文连念三遍，并挑出其中最好的一个版本，为小朋友交出了满意的答卷。

在罗京去世后，这位大学生感悟道："那时候还想，为什么罗京老师要录三遍呢？现在想来，那就是他做人做事的标准。"

是啊，干吗要录三遍呢？对于罗京这样优秀的主持人，连主持《新闻联播》这么重要的节目对他来说都是轻而易举的事，何况只是朗诵一篇简单的课文，何况不过是录给小学生听的。

换了其他人，不要说录三遍，可能录一遍都漫不经心。

这也正是有的人一辈子都普普通通，而有的人却出类拔萃的根本原因。

就算是做再熟悉的事情，也要用最高的标准去要求自己。这不仅是做人的标准，也是把细节做到完美的标准。

第二，再简单的事，也要把它做到极致。

日本"经营之圣"稻盛和夫，对细节也格外重视。他讲过这样一件让他终生难忘的事：

"我学会这一点，是在新型陶瓷研究开发刚开始后不久。新型陶瓷的粉末在进行混合时要使用罐磨机——一种陶瓷器具，其中放入球形石块，罐磨机转动时石块滚动将原料粉末细化。"

"某一天，我的一位前辈技术员坐在清洗场上，用刷子仔细洗刷罐磨机中的石块。这个人一贯工作认真，但沉默寡言，一点不引人注目，正如此时他又在默默地做着清洗石块这样简单枯燥的工作。"

"'爽爽快快洗了不就行了吗？这么做不是不得要领嘛！'我一边嘟囔一边就想走开了。但是我想了想，突然停下了脚步。我开始用心观察，只见他正用刮刀将石块中的粉末剔除。石块常会产生缺损，在凹陷处就会黏附上前一次试验用的粉末。这位前辈用刮刀仔细将粉末刮除后，再用刷子用心清洗。不仅如此，他还用挂在腰间的毛巾将洗过的石块擦拭得干净光滑。

"看到这种情景，我的头上好像挨了一棒，受到了很大的冲击。"

"由于新型陶瓷的性质非常细腻，因此，罐磨机中残存的粉末就会成为新试验时的'杂质'，阻碍原料的精确混合。"

"因此，每天实验结束后，用过的器具都必须用水洗干净。当时我认为清洗石块不过是一件杂差，与研究开发没有直接关系，所以清洗作业每次都草草了事。因为草率从事，混入杂质，所以总是达不到预期的效果。此时此刻，我终于明白了，我为自己感到羞耻，并进行了深刻的反省。"

"做好工作必不可少的认真态度——前辈具备，我却缺乏。这件事意味着什么呢？"

"必须注重细节。

"清洗实验用的器具，这好像是杂差，是很单纯的作业，但是正因为是单纯的作业，就更有必要精心做好。德国有句格言：'神寄宿在细节处。'事物的本质决定于细节，美好的事物产生于注重细节的认真态度。"

海尔的首席执行官张瑞敏有句名言："什么叫作不简单？把每一件简单的事情做好就是不简单。"把简单的事做到极致，就是一个优秀执行者最好的工作态度。

（二）将细节打造为"最佳行为准则"

要工作到位，不仅要重视细节，而且要让一流的细节，成为自己的"最佳行为准则"，也就是事情应该遵守的最好标准和原则。

不同的行业，不同的工作性质，都有自己需要注重的细节。

在《当代健康报》上，登过一篇郭秀卿写的文章，标题是《把握细节让医患沟通更顺畅——〈细节决定成败〉读后》，文章很有见地，也很有操作性。

文中提到，对患者履行告知是医务人员应尽的义务之一，同时也是对病人的权利"知情同意权"的一种尊重。那么，如何才能更全面了解告知的每个细节，更好地履行告知义务？作者提出了4点：

（1）时机方面：这对住院病人尤其重要，一般来说，病人入院24小时内，应先将入院后的初步诊断告知病人，适当给病人以安抚。在高风险的治疗以前，必须做到充分告知。在治疗过程中，也应阶段性地将用药情况、治疗效果做出适当的通报、说明和解释。

（2）顺序方面：一般情况下，先向家属告知，然后再向患者告知。这样做的好处在于：了解病人的思想状况和精神状况，掌握告知尺度，预计与病人谈话的效果，一旦病人有思想顾虑，家属可协助做思想工作，充分配合医疗方案的实施。

（3）技巧方面：医务人员应当明了告知需要技巧，与病人谈话是需要技巧的。例如，有的医生与病人术前谈话，要么吓跑了病人，要么使病人对手术的风险认识不足。术后一旦出现并发症等问题，就会引发医患冲突，出现医疗纠纷。这就是谈话技巧不高，告知能力缺乏所致。术前谈话要将手术的必要性、迫切性、危险性以及可能导致的不良后果充分告知，同时，必须将手术可能成功的因素以及医务人员为降低风险所做的努力和准备采取的预防措施全部告知，以求得病人和家属的信任和理解。

另外，若遇复杂病例，更应掌握告知的技巧，采取相应对策。例如，病人确实心理脆弱，和盘托出极易导致不良后果，则应该要求委婉告知；若病人承受不了这一打击，就在告诉家属实情的同时，请患者家属代病人签字，并在病程记录中阐明代签的理由，若病人意识不清或思维有问题，而必须请病人家属代签字时，需注明其身份及其与病人之间的关系，尽量多留一些文字依据。

（4）态度方面：医务人员要有高度同情心，视病人如亲人，热情、认真、细致地倾听病人的咨询，不要粗暴地阻止病人的讲话，不要不着边际地随意与病人说笑。语言不当，可增加病人的疑虑，加重病感，甚至产生"医源性疾病"。此外，医务人员穿着要大方、整洁，举止要端庄、礼貌，表情亲切、自然、严肃，但不要冷若冰霜，这样病人就会对你建立良好的印象，对你产生依赖，感到放心，有一种安全感。

"请对顾客露出你的八颗牙"，这是沃尔玛百货有限公司创始人山姆·沃尔顿的一句名言。现在已经在服务行业成为标准。

"三米微笑原则"也是沃尔玛服务顾客的秘诀之一。沃尔玛的员工在三米内遇到一位顾客，就一定要看着对方的眼睛和对方打招呼，并询问对方有什么需要。

这些细节的规定看起来有些烦琐，但却非常有效，一旦成为自己的行为准则，那么该做什么不该做什么，就不要别人来提醒，而是将它当成一种最好的工作习惯。

第三单元　要懂得做事，还要学会做人
（最好的执行者如何处理好关系）

要成为一个好的执行者，光做事是不够的，还必须学会做人。

做人的关键是处理好关系。所有的执行都不是一个人的行动，你必须善于处理各种关系：上级、下级、兄弟部门和其他各方面，善于利用其他人的力量来实现目标。

如果不会做人，就会处处是阻力，执行必然大打折扣，个人的发展也必然大受影响。

如果善于做人，就会处处是助力，不仅执行更有效率与成果，而且个人也容易驶上"快车道"。

第一章　要当"有用之才"，更要当"好用之才"

第二章　"处己何妨真面目，待人总要大肚皮"

第三章　执行者的"四可四不可"

第四章　要想凡事行得通，常修"外圆内方"功

第一章　要当"有用之才"，更要当"好用之才"

　　"有用"和"好用"是两个不同的概念："有用"代表有能力，"好用"则是容易听指挥，更能创造工作成果。

　　"有用"的人并不见得"好用"。有时能干的人，反而不好用：他们总是恃才而骄，凡事都要强调自己的利益和观点，什么都要和上级对着干、逆着来。不好用的人，就算本事再大，也不会有太大的发展。

　　能力，只有在用的过程中才会体现出来。一个最好的执行者，除了有能力外，更能提升自己做人的修养，成为"好用之才"！

　　一、"一说就动"——叫得动。

　　二、"一点就透"——悟性高。

　　三、"一做就好"——做得好。

一、"一说就动"——叫得动

所谓"一说就动"，就是一切行动听指挥。对上级的命令，不仅会执行，而且还会立即执行。

（一）"有用"不够，还得"好用"

"有用"和"好用"的区别到底是什么？我们不妨看一个故事：

一位从国外留学回来的主管，拒绝了一位老总交付的一项临时性工作，理由是这件事与她的职位及工作无关。老总不勉强她，也不能说她错，因为确实与她的分内工作无关，但从此这位老总对她的印象大打折扣。

这个故事并非虚构，而是出自何飞鹏的《自慢：从员工到总经理的成长笔记》一书。在书中他提出一个非常鲜明的理念——

"好用"的人正当红。

为什么好用的人正当红，在书中他对上述故事做了很好的分析。

"理由很简单，她在公司内是个不'好用'的人。虽然她在本分的工作内称职负责，可是当公司有变动、有急用时，她僵硬的态度，画地自限，自然无法与公司同舟共济。"

他还进一步分析：

"日本知名财经杂志《President》就曾提出这个'好用'的概念。在21世纪的新经济时代，企业内当红的专业经理人的一项特质就是'好用'，'好用'的人态度开放、不自我设限、专长多样、学习力强、可塑性高、愿意挑战新事物，也愿意以公司的需要为己任，而不是只自满于自我的期待。"

　　看完这个故事，相信你已经知道有用之人与好用之人的区别，有用之人就是能干、有能力的人。好用之人就是不光有能力也服从安排的人。换句话说就是一切行动听指挥的人。

　　好用的人正当红，不好用的人在单位里步步难行，这并不是"中国特色"，而是普遍规律。不信，我们看下面这个故事。

　　在著名的微软公司，发生过这样一件事：

　　微软公司的副总裁鲍勃辞掉了手下一位名叫艾立克的经理，因为艾立克虽然才华过人，但却桀骜不驯、傲慢专横，不把上级放在眼里。符合他心意的命令和计划，他能很好地执行。不符合他心意的，他就我行我素，要不顶着来，要不以自己觉得合适的方式进行。

　　尽管鲍勃十分爱才，但他不能容忍艾立克的这些毛病，既让公司计划无法正常进行，也带坏了自己辛辛苦苦打造出来的团队。

　　当时，有几位技术专家都来为艾立克求情，但是鲍勃很坚定地告诉他们说：

　　"艾立克聪明绝顶不假，但是他的缺点同样严重，我永远不会让这样一个以自我为中心的人，在我的部门做经理。"

　　后来，微软创始人比尔·盖茨听说这件事后，出于爱才之心，主动要求将艾立克留下，做自己的技术助理。

　　这件事给一向傲慢自负的艾立克带来了极大的触动，也让他开始意识到自己的缺点和不足。

　　于是，他不断地改进自己，改掉了唯我独尊的个性，对上级的命令，能够不打折扣地执行，对不同的意见，他也能够认真听取。

　　7 年后，凭着自己的努力，艾立克逐步晋升为微软公司的资深副总裁，而且非常巧，他成了鲍勃的老板。

　　这时的艾立克，并没有对鲍勃怀恨在心，反而非常感激他，因为正是鲍勃把他从恶习中唤醒，让他有了今天的成就和地位。他不仅没有报复鲍勃，反而在管理方面虚心向鲍勃请教，因而得到了更多的支持与尊敬。

同时，鲍勃也表现得非常优秀，当艾立克成为他的上司后，他并没有流露出不服气，而是非常积极地配合艾立克的工作。他以自己的行为，给更多的人树立了听从指挥，"一说就动"的好榜样。

之后，两人相处得非常融洽，一直为公司的发展而共同努力和前进。

艾立克刚开始因为无法当好一个被管理者而被降职，后来却因为改进了自己成为一个更优秀的管理者而获得晋升。从他的一下一上中，我们可以看出，要成为一个优秀的干部和执行者，保持"一说就动"的态度，是多么重要。

那么，我们该如何"一说就动"呢？

（二）一说就动，不推托

让我们看看神州数码的总裁郭为是怎么做的。

郭为是联想集团创始人柳传志的得力助手。他之所以取得令人羡慕的成绩，有一个非常大的特点——具备一说就动的素养。在凌志军所著《联想风云》等书和有关报道中，记录了不少这样的事迹。

郭为是国内第一批 MBA，还没有毕业就进入了联想，曾经在 13 年中换了 11 个岗位，联想哪里需要他，他就出现在哪里。

当联想还处在发展期时，发生了一件事，因为之前负责全国分公司的市场主管在管理上的失误，导致各地的业务都出现了很严重的问题。

当时已经是柳传志得力助手的郭为，被派去接替该负责人的职务，并且被要求去处理好各个分公司的业务。

那是一个很棘手的任务，要解决问题就要过问账目，查清楚账目，也要彻查管理层的开支。所有人都避而远之，生怕牵扯其中，处理不好自己也会受到处罚。

郭为来不及想这些，为了处理分公司存在的问题，他立即赶往外地，一口气跑遍了所有建立联想分公司的城市。

他查清了所有账目，把分公司一年里盈利的金额和投资回报率都详细地做了出来，甚至还把分公司账面混乱下丢失的商品、积压的库存以及存在的欠款等都一一统计出来，并列出了详细的数字报表。他甚至还把存在严重失职的某分公司经理撤了职，还将经营不当的某个分公司关了门。

正是得力于郭为的这次清查，分公司的业务很快恢复了生机。也就是从那个时候开始，郭为在公司得到了一个"替老板堵枪眼"的评价。

面对难题，人人都想避而远之。看似得罪人又不落好的事，郭为却一说就动，不推迟，也不找借口，直到把事情做好。

（三）一说就动，不抱怨

郭为和杨元庆一直被大家视为是柳传志的左膀右臂，后来联想电脑与神州数码分家，郭为也连同神州数码被分了出去。

消息一传出，大家议论纷纷，甚至认为郭为没有得到柳传志的赏识，最终无缘成为联想的接班人。

郭为得知消息后非常吃惊，他万万没想到柳总会有这样的安排。分开之后，神州数码不能用联想的名字，郭为也要交出自己已经做得很好的打印机业务。

一般人也许无法体会郭为的心情。进入联想初期，就连联想的Logo都是郭为带领团队用集体的智慧提炼出来的。其间，郭为成功地组织了"人类失去联想，世界将会怎样"的创意广告宣传，也有效提升了联想的知名度。就连当时注册联想集团都是郭为亲自办的。与联想一起成长的十几年中，郭为早就把联想看作是自己的一部分了。从开始创办到企业管理，郭为倾注了很多心血。

如今得到这样的结果，郭为非常委屈，他觉得自己为联想付出那么多，为什么联想不能容下他呢？

一般人遇到这样的事肯定会恼羞成怒，干脆选择辞职不干。可郭为却没有这样做，他最终接受了领导的安排。

郭为领导神州数码独闯天下，苦心经营，神州数码在创业道路上，越做越好，销售业绩成倍增加。

面对单位的要求和上级的指示，一流的执行者也应该一说就动，不抱怨，不推托，服从安排，开展工作。

二、"一点就透"——悟性高

"好用之人"的第二大标志是悟性高，一点就透。

做任何事情，从不需要反复提醒，什么话，只要别人一说，马上就能心领神会。

我曾与机械工业出版社的副社长陈海娟做过一个有数千名大学生参加的讲座。有学生询问陈海娟副社长：假如您要录取员工，主要条件是什么。她毫不犹豫地回答：

"最重要的条件之一，就是要有悟性。"

联想创始人、著名企业家柳传志在选拔人才时也强调了三点：一是要有上进心，二是悟性要好，三是学习能力强。可见对职场中人来说，悟性是多么重要。

然而在工作中，却不乏冥顽不化的人。同样的错误，他总是一犯再犯，一句话，你就算跟他说再多遍，他也还是"左耳朵进右耳朵出"，就像没听见一样。

而对一个优秀的执行者来说，一点就透是基本功，没有了这个做基础，就不可能有好的发展。

在香港地产界，只要提到洪小莲的名字，可谓无人不知，无人不晓。她叱咤地产市场近 30 年，从一名最普通的秘书，成为李嘉诚基金会有限公司的董事。她的经历，一直被看作香港打工族的传奇典范。

只有高中学历的洪小莲刚进入李嘉诚的公司时，职务是一名秘书，负责日常事务和总务行政工作，工作琐碎、繁杂，也很单调。

有一天，吃完午饭后，她闲来无事，于是随手翻开了报纸。就在她津津有味地读着花里胡哨的娱乐新闻时，恰好被从外面回公司的李嘉诚看到，于是就说了一句："有时间就应该进修充实自己，不要看这些浪费时间。"

换了其他人，可能表面上会答应，但内心很不服气：休息时间看看娱乐新闻怎么啦？什么老板，连这也要管！

但洪小莲却不是这样，她先是一愣，但随后就收起了娱乐报纸。

她把老板的话反复琢磨了一阵，觉得很有道理。是啊，难道自己就甘心一直在秘书的位置上待下去？与其将空闲时间浪费在毫无价值的娱乐新闻上，还不如学点对自己工作和成长有帮助的东西。

从那以后，洪小莲把休息时间都用来充实自己，还自选了行政类和工商管理类的课程来进修。

慢慢地，她不再满足于仅仅做秘书的工作，而是对自己有了更好的期望和目标。

一次，在陪同李嘉诚出席一个会议时，她突然发现自己对楼盘销售很感兴趣。于是利用工作之余的闲暇时间，她开始对房地产业务做进一步研究。随着自己对房地产行业的了解，她产生了想换职位的念头。权衡很久之后，她毅然选择了售楼工作。

凭着自己的热情和那股努力钻研的劲头，她在新岗位上干得很出色，两年之后，她担任了销售助理，接着掌管了整个售楼部，至1985年出任公司董事，她的年薪已达 1 200 万港元。

从只有高中学历的小秘书成长为地产界独当一面的专才，在洪小莲身上，我们看到了悟性对一个人发展的重要性。

假如当初洪小莲对老板的话不屑一顾，甚至从内心感到厌烦和抗拒，那么就不可能有今天的洪小莲。

悟性好的结局是双赢：首先是赢得了自己的成长，工作起来会更加得心应手；同时也赢得了领导的器重，像这样一点就透的好用之人，谁不喜欢，谁不愿意重用？

悟性好主要体现在以下几点。

（一）同样的话不需要别人说两遍

这一点，在上级指出你的缺点的时候尤其重要。同样的错误，第一次可以提醒，但第二次、第三次……还是老样子，那恐怕谁都会失去耐心，任你能力再强，上级在需要用你的时候也会打个问号。

（二）听得出领导的弦外之音

就像洪小莲一样，李嘉诚的一句"有时间就应该进修充实自己，不要看这些浪费时间"让她立即意识到，自己身上还存在很多不足，需要加强学习。

（三）能够触类旁通，举一反三

有位老总，给我们讲过这样一个笑话：

他患有糖尿病，所以特别需要注意饮食，尤其是不能吃含糖、淀粉高的食物。他中午一般都吃秘书给他订的工作餐。

有一次，秘书给他订的菜里有土豆，他特意提醒了一下秘书，以后不要给他点淀粉多的菜，如土豆。

秘书连忙点头答应了，结果第二天他一看，秘书又给他点了份芋头。

芋头也是淀粉多的食物啊！这位老总有点不高兴，但秘书也觉得挺委屈："您不是不吃土豆吗，我没有点啊。"

这让他哭笑不得。

这就是典型的不知道触类旁通。无论哪个领导，都不可能每一件事情都告诉你怎么去做，你需要自己去悟。要多想想，这件事要这么做，那还有没有别的事情也需要这么做。

三、"一做就好"——做得好

"一做就好"，就是按最好的标准去工作和执行，也就是不管是自己的工作，还是自己主管团队的工作，交给别人的，永远是让人满意的成品。

（一）以"最好"的标准要求自己

在执行中，通常有三种状态：

一般人做执行时会想："差不多就行了，要是领导觉得不合适再做修改也不迟。"

比较好的执行者会想："完成任务就可以了。"

而最好的执行者却想："不能以完成任务为满足，一定要以最高的标准来要求自己，要做就要做到无可挑剔。"

著名医学家、医学教育家、我国西医学的先驱张孝骞，被称为"医学泰斗"，在医学界德高望重。应该说他是职业医生的最好典范。

罗瑞卿大将的女儿罗点点，对张孝骞一直都非常敬重，她曾经在一篇文章里，谈到自己在北京协和医院进修时，让她终生难忘的一件事：

有一次，她去找张孝骞医生，正好看到一位衣衫褴褛的乡下老妇人，由一位年轻的男子搀扶着走进来，张教授很有礼貌地问了好，然后问病人有什么需要帮助。

原来这位老妇人几年来发烧消瘦，就是查不出病因，为此，儿子专程带她来北京看看。

张教授在检查中要病人把袜子脱下来，病人不肯，说是脚脏，还有"很重的湿气，看不得的"。

张教授则和颜悦色地说："没关系，没关系，我一定得看一看。"

叙述到这里时，罗点点动情地强调说：

"那口气，好像是在请这母子为自己做一件天大的好事。"

看到眼前这位和蔼可亲的医生，老人心里感激得不知道说什么好。他儿子帮老人脱下袜子，果真很脏，还有很多地方溃烂，散发着刺鼻的味道。

要是一般人可能会想：算了，这样刺鼻，还脏兮兮的，太难受了，大概了解一些就行了。

但是张教授认为，要想彻底把病人治好，就一定要仔细检查，他居然把老人的脚拿到眼睛底下仔细观察，还用手在脚上按了几下。

经过细心检查，张教授从病人的脚上找到线索，确诊病人得的是一种寄生虫病，不久就将病人治疗好了。

这样的结局，不仅使这位病人和家属喜出望外，也让罗点点格外感动。

张孝骞这种高标准严要求的做法，不仅对从事医生工作有指导意义，对各行各业的工作，都有指导意义：

干任何工作，他们不满足于完成任务，而是做到让人无可挑剔，给人惊喜，让人感动。

（二）以"最好"的标准要求团队

在强调执行力的过程中，我们要重视个人的执行力量，同时也要重视团队的执行力。

作为一个单位或团队的领导，就要把"一做就好"作为核心文化，贯彻到团队建设之中，甚至采取严格的制度与流程，让每个团队成员都能将"最好"体现在执行中。

在这方面，被誉为"京城美食头等舱"的净雅餐厅，给执行者尤其是执行团队的领导提供了很好的借鉴。

让我们看下面这个故事：

杨先生请朋友去净雅餐厅吃饭，上菜期间，杨先生在朋友的耳边说道："你发现没有？净雅餐厅的服务员跟其他地方的不一样，他们总是在出门时退着出去，轻轻地为你关上门。"

朋友一脸疑惑地说："退着出门有什么奇怪，难不成这里的服务员全都退着出门？"

杨先生和朋友争辩起来，正好进来一名送菜的服务员，正当她要退步出门的时候，杨先生叫住了她，好奇地问："你们为什么要退着走出门呢？"服务员说："这是我们公司的规定，是每一个员工都必须做到的，退着出门是对客人的尊重。"

随后，杨先生又了解到，净雅在 1999 年就做了 ISO9000 质量体系认证，也是国内第一家通过认证的餐饮单位。而且这套完美的管理体系，最值得赞赏的就是它不是一套死板的制度，而是每个净雅员工都能做到不打折扣地执行。

杨先生的朋友原本以为只是个别服务员退着出门，却没想到每个净雅员工都能按照流程制度把服务执行发挥到极致。

杨先生和朋友对这样的服务竖起了大拇指，感慨地说：

"真不愧是餐饮业的'头等舱'。"

看到这些做法，我们也不难想象为什么净雅能成为最好的餐饮单位之一了。

很多执行者有时为了图个轻松，或是存在侥幸心理，心想"就这么一次也没什么"，或者"一纸条约有什么用呢？不遵守也没什么坏处"……可当问题一旦出现，就会导致严重的后果。之前想省心就要变成今后多费心了。

最好的执行者和团队建设者，往往能以"一做就好"的标准要求自己和团队成员，在每一个方面、每一个细节，都做到出类拔萃。

是的，在执行中，我们需要有能力，更需要自己的能力更好地被领导使用，为单位所用。

既能当"有用之才"，又能当"好用之才"，这才是既符合单位需要又能让自己更好地发展的一流执行者。

第二章　"处己何妨真面目，待人总要大肚皮"

在工作中，我们常常会看到这样一些人：他们有胆识，敢于决策，认准了的事情，就会放手去做；同时，他们也很有能力。

照理说，这样的人在单位应该最受欢迎。可是有时候并非如此。跟随和服从他们的人越来越少，甚至抵触情绪越来越大，并导致很大矛盾的产生。

为什么会出现这种情况呢？关键在于他们的胸怀不够。

我不由得想起一副对联：

"处己何妨真面目，待人总要大肚皮。"

这副对联其实就是帮助人提高修身养性功夫的。处己，就是要求自己，一定要以"真面目"的方式对待自己，不要自欺欺人。

而对待别人，却要有"大肚皮"，即宽广的胸怀，最好能像弥勒佛那样"大肚能容，容天下难容之事"。

在处理好与别人关系方面，培养宽广的胸怀十分重要。这是当好一个优秀执行者必须修炼的功夫，尤其是负责执行团队的每个干部，更需要重视。

一、有容乃易。

二、最容易发脾气，就最需要控制脾气。

三、忍辱才能负重。

一、有容乃易

一个人在单位发展的阻力，可能来自方方面面，其中一个原因就是不能容人，由此导致自己在工作中难以得到别人的支持。

有一个词叫作"容易"，实际上我们还可以把它这样理解："有容乃易"，即有宽广的胸怀，干任何事都易成功。

这个容，也就是包容、宽容。

（一）"君子量大，小人气大"

这是我在蒙牛集团草地上看到的一句格言。据了解来自证严法师："太阳光大，父母恩大，君子量大，小人气大。"

这格言的确十分精辟。

君子心胸宽广，心存感恩态度谦和，能宽容待人；小人则会为一点小事生气，颐指气使不把别人放在眼里。

心胸狭窄。矛盾和摩擦自然就会产生，无形中就给自己的工作增加了很多阻力。

心胸宽广，反而能赢得人心，工作起来自然就多了很多助力。

是的，胸怀宽广是一个君子该有的素养，我们都应该下决心去修炼。如何培养宽广的包容心，中国历史上有些典型案例。且看两例：

《资治通鉴·唐纪二十》中，记载了唐代名相狄仁杰初任地官侍郎时的一段佳话。

一天，武则天召见狄仁杰，对他说：

"你在汝南任职时政绩颇佳，可却有人说你的坏话。你想知道是谁吗？"

狄仁杰回答说：

"陛下，如果您认为我有过失，我就改正，如果您知道我没有过失，我就很幸运了。我没有必要知道他的名字。"

武则天听了，很是赞赏。后来，武则天任命狄仁杰担任宰相一职数年，在此期间，狄仁杰政绩突出。

狄仁杰面对谗言的超然大度，颇具翩翩君子的风范，这是一种充满智慧而大度的处世方式，也是很值得我们学习的处世哲学。

在宋人赵善璙所著的《自警编》中，也记载过一则类似的故事：

宋朝宰相吕蒙正初登相位时，在一次上早朝，忽听到朝堂幕帘后传来一位官员的声音：

"这个无名小子也配当宰相吗？"

当时很多人都听到了，都暗暗替那位官员捏了一把汗。然而吕蒙正却表现得若无其事，就跟没听见似的走过去了。旁边有同僚为他感到不平，要派人查究，却被吕蒙正制止了。并说：

"这不过是件小事，何必追究。不问，对我也没什么损害，反过来，假如我知道了他的姓名，恐怕终生都不能忘记，那位官员也会因此惴惴不安，彼此之间就会心存芥蒂。"

吕蒙正拥有这样的胸怀，也难怪他能够在宋太宗、宋真宗时三次担任宰相之职。

以狄仁杰、吕蒙正两人当时的职位，要想整治一个背后说自己坏话的人，简直易如反掌。可他们却连这些人的姓名都不愿知道，这是为什么呢？

从他们的话语中，我们可以看出原因不外乎四点：

一是他们认为这只不过是小事，既然对自己没有损害，又何必追究；

二是他们怕知道了说坏话者的姓名后会"终生不能忘记"，进而影响自己以后用人处事的公正性；

三是他们怕说坏话者心里惴惴不安，精神压力太大，影响正常工作；

四是怕彼此之间"心存芥蒂"，影响相互之间的团结协作。

这四点无一不显示出一个君子虚怀若谷的高尚情怀，令人钦佩叹服，这两人能够在宰相的位置上一待多年，和他们这种能容人的大度和气量有很密切的关系。

在我们的工作中，这两人的做法很值得我们借鉴。当然，"容"并不只是包容别人对自己的指责、抱怨和不屑那么简单，还要能够包容别人和自己性格的不同、工作方式的差异等。

做到了这些，或许你就会发现，原来不融洽的关系开始变得融洽，原来得不到支持的工作也会获得支持。也就是说，很多事情会变得更加容易。

我在苏州为江苏省电力部门培训干部时，在著名的寒山寺，看到了这样一些格言，觉得正好对培养干部胸怀有所帮助，便记录下来与大家一起分享：

"大着肚皮容物，立定脚跟做人。"

"临事须替别人想，论人先将自己想。"

"任难任之事，要有力而无气；处难处之人，要有知而无言；行难行之道，要有信而无惧；忍难忍之苦，要有容而无怨。"

（二）宽容是领导者的成功之道

为什么领导一定要有宽广的胸怀？华为技术有限公司总裁任正非在所写的《管理的灰度》一文中有非常精辟的解释。

他提出，学会宽容，这是领导者的成功之道。对此，他的解释是："任何工作，无非涉及两个方面：一是同物打交道，二是同人打交道。不宽容，不影响同物打交道。一个科学家，虽然性格怪僻，但他的工作只是一个人在实验室里同仪器打交道，那么，不宽容无伤大雅。一个车间里的员工，只是同机器打交道，那么，即使他同所有人都合不来，也不妨碍他施展技艺，制造出精美的产品。"

"然而，任何管理者，都必须同人打交道。有人把管理定义为'通过别人做好工作的技能'。一旦同人打交道，宽容的重要性立即就会显示出来。人与人的差异是客观存在的，所谓宽容，本质就是容忍人与人之间的差异。不同性格、不同特长、不同偏好的人能否凝聚在组织目标和愿景的旗帜下，靠的就是管理者的宽容。"

二、最容易发脾气，就最需要控制脾气

最近在网上，看到了这样一段有意思的评价：

"所谓老板，就是老是板着脸；所谓经理，就是经常有理；所谓总裁，就是总是裁人。"

这些话语虽然带有调侃的色彩，但也充分说明了一个并不少见的现象：随着地位提升，有些干部的架子越来越大，甚至脾气也越来越大。

但是，干部发脾气，对执行的影响是较大的。有时，的确需要一些威严的手段，来推动任务的进行。但如果对脾气不节制，往往会挫败团队积极性，甚至对干部本身也造成不好的影响。

干部容易发脾气，从客观情况来分析，是因为要承受来自方方面

面的压力。从主观的情况来讲，还因为自认为当官了，就要高人一等，说的话别人就非听不可。别人只有满足自己要求的义务，却没有抵触甚至提出不同意见的权力！

不单单是干部，在工作中还有一些人，总是容易发脾气。而容易发脾气，不仅容易失去对事情的客观判断，导致处理问题失误，而且会激化矛盾，使团队离心离德。

其实，越是容易发脾气，越是需要控制脾气。最容易发脾气，就最要控制脾气。这叫自制力。

要培养自制力，就是要向自己挑战。

那么如何控制脾气，或者说，该如何改正容易发脾气的毛病呢？

（一）"发脾气是无能的表现"

阿里巴巴集团主要创始人之一的马云曾经说过这样一句话：

"作为一个领导人，应该控制自己的情绪，很多时候发脾气是无能的表现，合理的情绪控制对于团队的和谐，稳定军心大有作用。"

"发脾气是无能的表现"，尽管说得很尖锐，但细想起来的确有道理。很多时候，发脾气不仅无助于问题的解决，反而会把事情推向更糟糕的境地。哪怕别人的确做得不对，也可以用其他方式来更好地解决。

那么，要成为一个优秀的干部或执行者，就要深明"愤怒冲动"的不良后果。

喜欢足球的朋友一定不会忘记这样一件事情：

2006 年德国世界杯决赛，法国与意大利的比赛进行到 110 分钟的时候，三届"世界足球先生"得主——法国球星齐达内突然转身，用头将意大利后卫马特拉齐撞倒，由此被红牌罚下。

场上原本有利于法国队的形势由此急转直下。在人数和心理上都占优势的意大利队最终赢得了这场比赛，捧起了"大力神杯"。

曾经在足球场上立下赫赫战功的齐达内，就在一片震惊和遗憾声中提前离场，为他的足球生涯画上了一个不完满的句号。

事后有关部门经过调查，证实是马特拉齐先用言语挑衅，激怒了齐达内用头撞人的。

马特拉齐的做法确实不对，但如果齐达内当时能够控制一下自己的情绪，甚至一笑了之，那么，齐达内在世界杯上的这场告别赛，留给亿万球迷的，将会是多么完美的一个背影！

不仅是齐达内，想想我们自己在工作中，是不是也曾经有过因为别人激发了我们的愤怒情绪，我们就做出一些不理智举动，最后将事情弄得非常糟糕甚至无法收拾？

看过《三国演义》的人，可能不会忘记一个细节：

诸葛亮要引司马懿出战，但司马懿就是不上当。诸葛亮便派人给司马懿送去女人的衣服。

这在当时，一般人都会认为是奇耻大辱，司马懿手下将领都气愤不已，纷纷请战。但司马懿不仅不生气，还把女人衣服穿到自己身上，坚决不出战。最后活活耗死诸葛亮。

能不被激怒，能不发脾气，这是何等的毅力。其中所体现的内在力量，怎能不值得我们重视呢？

（二）快快听，慢慢说，慢慢动怒

新加坡纸业大王黄福华先生所分享的"十字方针"，值得大家借鉴。

这十个字就是"快快听，慢慢说，慢慢动怒"。

黄福华年轻的时候，有过这样一段经历：当时他脾气急躁，工作一直磕磕碰碰不顺利。在 30 多岁的时候，他已经担任了公司的部门经理，但就是控制不了脾气，甚至有一次哥哥与他下棋，赢了他，他还把哥哥打了一顿。

与脾气暴躁相伴随的，是人际关系紧张。不仅领导对他不满意，同事躲开他，下属也不配合他的工作。

现实教育他：绝对不能再这样下去了。直到有一天，他看到《圣经》中"但你们个人要快快地听，慢慢地动怒，慢慢生气"这句话，由此改变了自己的一生。

从那以后，他把这句话当作自己的座右铭，为人处世都按这句话来要求自己，工作和生活都有了很大的改变，最终成为新加坡的纸业大王。

"快快听"，就是认真听别人一次性把话说完，将前因后果表述完整；

"慢慢说"，就是在表述自己意见或者反驳别人时，一定要慢，不要逞口舌之快，要想清楚了再说；

"慢慢动怒"，就是不要听风就是雨，一点就爆，要弄清原因，想明白解决的办法，然后再问问自己"这值不值得我生气？"

然而在现实中，很多人却是反过来的，他们是"慢慢听，快快说，快快动怒"。

"快快听，慢慢说，慢慢动怒"，正是针对普通人的弱点，让自己的脾气得到控制，让胸怀更为宽广的原则。照这样的方式去修炼，"处处不顺"就有可能"处处都顺"。

三、忍辱才能负重

所谓"坚忍"，就是为了坚持自己的追求，而忍受一切难以忍受之事。中国还有个成语"忍辱负重"，说的也是这个意思。

金庸的小说《倚天屠龙记》中，武当派掌门人张三丰对此作出了妙解：

"不忍辱焉能负重？"——不忍受侮辱，怎么能够担负重任呢？

（一）今天的忍辱，是为了明天能够更好地负重

在工作中，执行者常常会受到来自各方的压力：上级的责难，同事的误会，甚至是下级的抵触和客户的责骂。

这时候该怎么办？

发脾气？抱怨？一走了之？

当然不能。

这样不但解决不了任何问题，或许还会因为一时冲动，让自己陷入被动的局面中。

一流的执行者正是明白这个道理，在面对羞辱时，他们往往懂得忍耐，因为他们首先想到的不是自己的面子，而是如何以此为契机，让自己获得快速的提升和飞跃。

日本前三井物产董事长八寻俊邦，就是一个懂得忍一时之辱，最终成就一番大业的典范。

1940年，由于在越南的业绩非常突出，八寻俊邦被调回三井物产的总部，并升任神户分店的橡胶课课长。

但在他任课长期间，由于橡胶行情大幅下滑，加上他的应变措施

太慢，给公司造成了严重的损失，八寻俊邦因此被降为一般职员。

其实，业绩下滑在很大程度上是外在客观原因造成的，而将责任完全归咎于八寻俊邦未免有失偏颇，何况他还是有功之臣，但公司还是毫不留情地将他降了职。

可能很多中层遭遇这样的情况时，会感到莫大的耻辱，甚至对企业失去信心，因此一走了之，另谋高就。

但对八寻俊邦来说，尽管受到这样的处罚对自己打击也非常大，让他感到既难过又羞辱，但他还是选择了忍耐。他要从哪里跌倒，就从哪里爬起来。

他真的做到了。

八寻俊邦告诉自己：以前的光荣都已成为过去，重要的是今后再遇到问题时要懂得如何处理、应变，他在内心不断地鼓励自己：

"绝不要气馁。"

他很快调整了自己的心态，重新带着巨大的热情投入到工作中去。

一年后，八寻俊邦被分配到石油制品部门，他感到展现自己才华的时机到了，于是开始大展拳脚。很快，他被升任为三井物产化学品部门的部长。最终，他成为了三井物产的社长。

从八寻俊邦的经历中，我们明白了这样一个道理：

忍辱并不代表无能，今天的忍辱，是为了明天能够更好地负重。

为了更好地理解忍辱才能负重的道理，当面对"辱"时，我们应该明确以下三点：

第一，小不忍，则乱大谋。

当你的决策和工作能力受到怀疑与不理解时，如果激烈争辩甚至愤然离去，都可能会导致你的理想、价值无法实现。若能忍得一时之气，将眼光放长远，日后必将成就大事。

第二，"辱"是你成长中最好的老师。

"辱"的另一层含义，是我们本身没有做到位。受到批评甚至辱骂时，一流中层会立即反省自己，是不是自己的能力不够，或做事方式不妥。

有时，我们很难看清自己，而旁观者总是能看到我们的不足。不妨将此当作你成长的契机，放下架子，让"辱"引导我们改正缺点，完善自己，迅速成长。

第三，生气不如争气。

也许你所受的"辱"是不白之冤，但与其生气，不如争气。

当遭受误解时，不妨用行动和事实来改变现状。当你做出成绩时，不仅能让领导看到你的能力，更能看到你的胸襟与气魄。

（二）遭遇否定的时刻，是最能锻炼和显示胸怀的时刻

一个人的胸怀是否宽广，往往在他遭遇否定的时候能看得出来。

一个人的胸怀是否能变得宽广，往往也在他遭遇否定的时候，看他能否经得住考验。

美国全美收银机公司布法罗办事处，有一位20多岁的小伙子，他做推销员的工作。但是，到公司的头两周，小伙子一台机器也没推销出去。

于是，他来到领导帕特森的办公室，打算辞职。

帕特森看到他那副落魄的样子，就把他臭骂了一顿，让他干脆回家种地去！

但没有料到这个年轻人没有生气，只是一声不吭，认真地看着帕特森，偶尔还点点头。

帕特森本来是要把他赶走的，但是这个年轻的人表现，让帕特森

觉得他很有毅力和胸怀。帕特森知道这也是做推销必备的素养之一。于是便有了爱才之心，不仅帮小伙子分析了失败的原因，还亲自带他去推销，示范推销技巧。

小伙子很聪明，很快就掌握了诀窍，并成长为一名出色的推销员。

这位年轻人后来成了 IBM 公司的创始人——托马斯·沃森。

在成功之后，托马斯·沃森总结说："不管遭遇怎样的否定，都要以海一般的胸怀去宁静地接受，然后主动寻找解决问题的方法。这是成功的不二法门。"

（三）团队的领导，更应有不怕下属"冒犯"的雅量

被上级否定，能有这样的胸怀很了不起。而更难和更了不起的，是被下级否定时，还能保持这种宽广的胸怀。

2018 年是中国改革开放 40 年，党中央和国务院评选 100 名对中国改革开放产生积极影响的人为"改革先锋"。原山东省寿光县县委书记王伯祥就是其中的一位。

《寿光日报》曾发表一篇名为《我们的伯祥书记》的报道，讲述了一件他被下级"冒犯"的事，我们来看看他是怎么处理的。

王伯祥到县供销社听取张尚敏主任汇报工作，工会主席王荣之也参加了会议。当张尚敏汇报说供销社的蔬菜一年盈利一百多万时，王伯祥提出了自己的看法，但王荣之对此却有不同的意见，当即表示反对。两个人争执起来，面红耳赤。

当时在场的人都觉得王荣之的做法不对，会后都劝王荣之赶紧给书记赔礼道歉，要不然以后的日子一定不好过。

令大家没想到的是，还没等王荣之来道歉，王伯祥却先来找王荣之，说："我回去想了想，你在会上说的有道理，我不应该固执己见。"

不仅如此，通过这件事情，王伯祥看到王荣之很有能力，办事情也能从群众利益出发，而且从不趋炎附势，就决定重用他，把他提升为供销社副主任。

我们可以想象一下，一个工会主席竟然在大庭广众之下和县委书记争辩，那当书记的多下不来台？如果换作某些干部，要么当场翻脸，要么表面不动声色，事后就给这个挑战自己的人"穿小鞋"，否则，自己的权威怎么维护？

但是，王伯祥没有这样做，而是冷静思考自己的考虑是否欠妥或有错误。当发现对方有理的时候，就主动上门认错，并因为此事看到了对方的长处，进一步提拔。

那么，这样的结果是什么呢？

首先，作为县委书记的他，因此更有权威，更受人拥护。

其次，他还因此发掘了一个人才！

这个故事，展示出了王伯祥作为一个优秀干部的品格和胸怀，值得好好学习。

《童蒙训》中有这样一段名言：

"当官以忍为先。忍字一字，众妙之门。"

在这句话后，作者还有一段精彩论述，翻译为白话是："当官办事，如果能在清廉勤政之外，再能忍让，什么事办不好？当官不能忍让，一定会失败。当官办事，不和别人争夺利益，常常得利还多；退让一步，常常能前进百步；很少索取的，后来得到的往往比最初多得多；现在克制自己的，以后一定有很好的回报。不能不思考啊。不能稍作忍让的人一定会失败，他们实在是不知道区分利害，分清聪明和愚蠢啊。"

在我们撰写的《做最好的干部（升级版）》一书中，我们总结了这样一个公式：

成功 = 胆量 + 力量 + 肚量。

这一公式告诉我们：除了胆量和力量之外，还得有宽广的胸怀。

希望执行者们让自己的胸怀越来越宽广。

第三章 执行者的"四可四不可"

要成为一流的执行者，一定要懂得做事和做人的相关辩证法。

要处理好"本事"与"架子"、"贡献"与"牢骚"、"成绩"与"骄傲"、"到位"与"不越位"四个方面的辩证关系。

一、本事可以大，架子不可大。

二、贡献可以多，牢骚不可多。

三、成绩可以增，骄傲不可增。

四、工作要到位，角色不越位。

一、本事可以大，架子不可大

（一）谦虚不"掉价"，"唯我独尊"才"掉价"

在执行的过程中，不难看到有这样的人。

他们或毕业于名校、或有能力、经验丰富，或者在某一方面有专长，但由此也培养了一种高高在上的心态，觉得自己有才能、资格老，摆点架子是理所当然的，处处都要求尊重，到哪里都想搞点"特殊"，否则，就觉得丢了天大的脸面，受了天大的委屈，好像全世界都亏待了自己。

中华英才网创始人张杰贤曾经谈到这样一件事：

在他们单位有一条准则：工作中人人平等！他不仅要求每个工作人员都遵守这一标准，在选拔新人的时候也同样遵守这个准则。

一次，来公司应聘的数名人才中，有一位是"海归"，学识非常高，曾经在某公司担任过副总裁的职位。

能够引进这样的人才到中华英才网，作为老总的他非常高兴，可是，这名"海归"的表现实在令他不满意。

刚到公司，"海归"就提出要给自己配备一间符合自己身份的办公室。因为公司一向提倡平等相待员工，不会因为级别高而有特殊的办公室。"海归"的要求自然遭到了拒绝。

其实这样的现象绝不是孤立的，只是表现方式不同。没让别人看到你的能力，却先让别人感受到了你的架子。

带着这样的心态去做执行，就算是明明可以做到的事情，也会给自己找理由和借口推托着不去做。

摆架子，说到底是怕"掉价"、怕"丢面子"的心理在作祟。但没有架子就一定会"掉价"吗？还真未必。

复旦大学历史系教授钱文忠，曾经谈到过自己的老师——被冠以"学术泰斗"等称号的季羡林先生的一件事：

"一次，我负责把一份推荐信送到北大中文系蒋绍愚教授那里。这封推荐信是将要评职称的朱庆之先生请季先生和蒋先生写的。"

"季先生先写好后，就派我把推荐信给蒋先生送去。当蒋先生打开信件后，脸上露出了惊愕的表情，说：'这让我怎么写啊？'"

"我一看，原来季先生把专家意见的位置空了下来，自己的意见写在了底下一格中。这样，蒋先生只能把自己的意见写在上面了。"

以季羡林先生的身份，将自己的意见写在"专家意见"栏里是理所当然的，但他却没有这样做。

他的谦逊，不仅没有让他"掉价"，反而越发让人尊敬。

事实上，那些真正有大成就的人，都是没有架子、平易近人的人。

或许有人说，架子大和执行有什么关系？当然有关系，而且还十分密切。

我们可以想象，一个架子大的人，"小事"肯定是不愿意做的，他们会觉得"掉价"，因此从内心里抗拒：像我这么有能力的人，怎么能去做这些事情！但工作中哪有那么多大事，无非是由一件件小事组成。

即使真有什么"大事"交给他们去做，也要先做好他的心理疏导工作，要哄他、鼓励他、肯定他，充分满足他的虚荣心，让他觉得这件事非他不行。

换了是你，会不会觉得用这样的人很累，你愿不愿意把事情交给这样的人呢？想必不会吧！

永远要记住，一个好的执行者，光有能力还不够，还必须有执行者的心态和姿态才行。工作的标准高，但为人的姿态低，只有这样，人们在肯定你工作的同时，才会更加喜欢和接纳你。

（二）少一点"官威"，多一份尊重

许多执行者是干部。但有一些干部，往往把手上的权力，看成绝对不能冒犯，甚至连基本的修养也没有。我们且看其中两个小例。

在《重庆晚报》等媒体上刊登过一篇题为《官员斥记者不懂规矩：怎可给我这政法领导打电话》的新闻。

有位叫作林立峰的人，几年前患上了精神病，发病期间劫持了一名少年，因此被关到看守所，没想到第二天，他的母亲就接到了儿子已经死亡的消息。

检察院给出的鉴定结果是心源性猝死，并鉴定说林立峰身上的伤痕和骨折是抢救时按压所致，不予立案。

而林立峰的母亲却要给儿子讨个说法，这引起了媒体的关注，于是，记者致电负责林立峰一案的湛江市人民检察院副检察长梁泉。

在提出采访要求后，没料到，梁泉不仅不接受采访，反倒质问记者：

"你怎么可以随便就打电话给我这个政法机关的领导？一点规矩都不懂。"

事实上，没有哪条法律要求记者不能打电话给政法机关的干部，否则就是"不懂规矩"。从这位干部的言谈来看，他的确把自己看得高高在上。连记者给他打电话都被他视为"冒犯"，普通老百姓就可想而知。

与此相似的是被评为网上"最牛官腔"的话——某官员在面对记者问与民生有关的问题时，竟然说："我是不是拉屎也要告诉你啊？"

在一次广州市黄埔大道交通整治工作会上，参与会议的人员除了

记者，还有市建委、城管、交警和有政府背景的新光快速路有限公司等单位的相关负责人。

当一位交警大队的大队长对封闭道路的问题进行讲述后，一位记者出于对市民生活的关心，问封闭部分行车道是不是要事先告知市民。

谁都没有想到，边上的一位与会干部，突然回了记者一句：

"那么我是不是拉屎也要告诉你啊？臭不臭也要告诉你？"

后来，经过调查，此人是新光快速路有限公司的项目部部长，姓梁。此事也惊动了广州市委书记。他批示要求严肃处理此事，并要求"坚决纠正个别干部漠视公众的恶劣作风"。

这个故事，后来被媒体称为"拉屎门"。让人深思的是：这位干部，级别并不高，但是在他的脑海里，却有着十分浓厚的高高在上、"凛然不可侵犯"的"官本位"思想。

这样的人，就是喜欢发"官威"的人。

对比一下，我们且来看国务院原总理温家宝是如何做的。

2009年10月11日，新华社全文刊发了温家宝在北京市第三十五中学的听课感受和在座谈会上的讲话。温家宝总理对所听5堂课的感受都作了详细讲述。文中提到"对学生的回答，老师应因势利导，问他看过多少种岩石，知道名字吗？老师就可以讲岩石的分类：沉积岩、岩浆岩、火山岩"。

这篇报道发表后，被誉为"平民总理"的温家宝发现了自己的错误，于是向新华社写了一封亲笔信，更正并道歉说：

"新华社总编室：贵社昨天播发我的《教育大计 教师为本》一文，其中岩石学的分类，应为沉积岩、岩浆岩（也可称为火成岩）、变质岩。特此更正，并向广大读者致以歉意。"

新华社立即对总理的这次道歉进行了报道，并在网上广泛流传，很快感动了亿万读者，得到大家的高度评价。

总理的做法不仅得到社会各界知名人士的赞扬，也受到诸多网友的赞扬，例如，

"总理严谨的科学态度，值得现在的学者认真学习；总理的责任感，值得现在的官员认真学习；总理坦荡真诚的伟大人格，值得我们所有人认真学习。"

有专家学者对这一现象进行了点评。如国家行政学院教授王伟在接受新华社记者采访时说：

"作为一位总理，发现错误就立即改正，恰恰反映了他追求真理的精神，值得所有人学习。"

是啊，一国的总理，犯了一点小的错误，都懂得向全国人民道歉。这是真正谦恭的体现。

而上述那几个官员，却觉得自己有权就了不起，甚至不把别人放在眼里，恶语伤人，这种傲慢无礼的干部，在总理面前，难道不应该觉得格外羞愧吗？

其实，温家宝总理的谦恭，就来自于他对人民的尊重。让权力在人民面前谦恭，温家宝总理给大家提供了一个很好的榜样。

二、贡献可以多，牢骚不可多

在工作与生活中，我们可以多做贡献，因为那是最受欢迎的，但绝对要减少甚至消灭自己的抱怨，因为那不仅是最不受欢迎的，还会对团队、对你自己都造成大的伤害。

（一）"抱怨是你对自己的生活下的咒语"

不知道你周围有没有这样的人：

他们总是一边做事，一边牢骚满腹：怨公司、怨领导、怨同事、怨环境……

毫不夸张地说，他们抱怨的时间一点也不少于做事的时间，甚至远远超过做事的时间，因为他们不仅上班抱怨，下班抱怨，甚至在梦里面，还在抱怨。

他们这样的职场"祥林嫂"，可以说是最不讨好的人，不仅搞坏了自己的心境，也影响了别人做事的心情，结果只能是哪里都行不通，处处都碰壁。

小张原来是一家大企业的技术主管，后来被猎头公司挖到一家规模不大的民营企业当技术总监。按说职位升了，薪水也涨了，小张该大干一番才是。

但小张不仅高兴不起来，还满腹怨言。他整天看这也不舒服，看那也不顺眼，给公司挑了一大堆毛病：管理混乱、设备落后，手下没有一个能用的人才。

而老总对他也是一肚子的不满：

"如果我们什么都完善了，还请你来干什么？花那么多钱请你来，不是为了让你来给公司挑刺，而是希望你能帮助公司解决问题，让公司获得更好的发展！如果不是看在花了那么多钱的份上，真想立即把他给开了！"

经常把时间花在抱怨上的执行者，会有哪些危害呢？

第一，自己不得志。应该把时间花在如何给单位做出贡献上，而不是去挑剔单位。如果改变心态，把时间花在如何进步上，那么工作顺心了，执行到位了，也就会有更好的发展了。

第二，领导不满意。哪个领导喜欢每天都抱怨满腹的员工呢？经常抱怨的人领导肯定不喜欢，更别说发展了。

第三，团队不满意。大多数人都喜欢与正能量多的人在一起，不喜欢与负能量的人在一起。而抱怨是负能量最大的表现之一。一个整天抱怨的人，走到哪里都不会受欢迎。

"抱怨是你对自己的生活下的咒语。"你肯定不愿意让自己的生活因为诅咒一团糟，所以从现在开始，学会杜绝抱怨吧。

（二）"不抱怨，去改变"

抱怨改变不了任何东西，只会让你的工作与生活更加糟糕。这时候，你可以有一种新的态度："不抱怨，去改变。"

也就是说：你的所有精力，再也不要耗在无用的抱怨上了，而是要集中在如何改变应该改变的东西上面，尤其是要提升自己的能力、改善自己的心态。

在这方面，曾担任美国纽约市市长的布隆伯格的经历，值得执行者们借鉴。

布隆伯格从哈佛商学院毕业后，进入华尔街的所罗门兄弟公司。当时，所罗门还是一家小型投行。布隆伯格是该公司唯一的哈佛毕业生，但却被安排到一个没有空调的地下室，数债券和股票凭证。

布隆伯格不满意这种安排，却没有抱怨。他努力干好这份"奴隶一样"的苦差事。3个月后，他被晋升到购销部，年底又被安排到交易大厅，成了一名薪水不低的真正"职员"。

后来，布隆伯格成为公司合伙人，领导整个股票部门。

布隆伯格的做法，是不是与前面讲过的那个小张形成鲜明的对比？

如果小张能换一种想法：

"我不能老拿以前的公司和现在的公司比,正因为它存在很多问题,要发展,所以才请我来,否则我的价值怎么能够体现?这恰恰是我可以更好地施展自己才能的舞台。"

有了这样的认识,他从此闭紧抱怨的嘴,从点点滴滴开始做起,改进技术、节约成本、打造队伍,那么他在新单位是不是就能创造更好的业绩?是不是更受欢迎与器重?

是的,最好的执行者,不会把珍贵的时间,用在抱怨这种有百害而无一利的事上,而是放在怎么提高工作水平,提高业绩上。

当一个人贡献很多,而牢骚很少时,他不仅会是最能做出业绩的人,而且走到哪里都是最受欢迎的人。

三、成绩可以增,骄傲不可增

"除了我,没人能做好这件事情!"

"像我这么出色的人,公司没有我肯定不行!"

很多人有了一点成绩之后,就会产生这样的想法,认为自己不可替代。心态一改变,行动也马上跟着打折扣。原本非常出色,不推就走,现在变成推了都不愿意走,原先是主动学习和超越,现在是学习的机会摆在面前都不肯学习。

这时,就应该给自己的膨胀心态泼冷水,彻底消灭骄傲情绪。

(一)别翘尾巴,没有谁不可替代

实际上,没有任何人是不可替代的。

沃尔特·达姆罗施是美国著名指挥家、作曲家。

刚开始踏上指挥舞台的时候，心高气傲的他以为没有人能像他一样指挥乐队。

有一天排练，达姆罗施把指挥棒忘在家里，派人回家去拿。秘书灵机一动，说："不用那么麻烦！向乐队其他人借一支就行了！"

达姆罗施愣愣地看着秘书，疑惑地说："别人怎么能带指挥棒？"他心想：乐队指挥可不是件轻松的小事，可不是平常人能做的事，在场的人也不可能带指挥棒来参加排练的。

于是，当他没有抱任何希望地问在场人员是否带了指挥棒的时候，结果令他大吃一惊：大提琴手、首席小提琴手和钢琴手不约而同地从各自的衣袋里掏出一根指挥棒。

他笑着对秘书说："你的建议还真是不错！"虽然看上去达姆罗施非常平静，但是，他的心里已经波澜起伏了：

"没想到，我并不是唯一能指挥乐队的人。很多人已经暗暗努力，时刻准备替代我的位子！"

这三根指挥棒深深地震撼着达姆罗施，他也以此来时刻鞭策自己，并且加倍努力，最终取得了卓越的成就。

指挥乐队是这样，在工作中又何尝不是如此。有谁敢说自己就已经做到了最好，任何人都无法超越？不信你可以想想，有哪家单位因为你的离开而倒闭了？说不定换一个人来坐你同样的位置，做和你一样的事情，反而会出色。

（二）才能是做事的资本，不是骄傲的本钱

我们经常能在报纸上看到这样的消息：某某明星又耍大牌了，不把观众放在眼里。

其实，别说大明星，我们在工作中也经常能看到类似的现象：一些有能力的人，也常常"耍大牌"，把才能当作骄傲的本钱。

这样的做法，其实是在无形中给自己制造阻力。

而真正有智慧的人，懂得"才能是做事的资本，不是骄傲的本钱"的道理。

我们来看看被誉为世界篮坛巨人的迈克尔·乔丹是怎么做的。

乔丹的队友皮蓬也是 NBA 球星。看众人都疯狂地追捧乔丹，皮蓬的情绪难免会受到一些影响。

以乔丹的实力和名气，就算他不管皮蓬的情绪，也没人会说什么，但乔丹却不这么想，他只有一个目的：每个人都发挥自己最好的状态，齐心协力打好每一场球。

于是，在一次训练中，乔丹和皮蓬有了这样一番对话：

乔丹问：

"我俩的三分球谁投得好？"

皮蓬回答：

"当然是你。"

乔丹微笑着纠正：

"不，是你！你的动作规范、自然，很有天赋。而我投三分球还有很多弱点。"

乔丹还对他说：

"我扣篮多用右手，习惯地用左手帮一下，而你，左右都行。"

这一细节连皮蓬自己都没注意到。乔丹的话深深感动了皮蓬。从那以后，两人成了最好的朋友，皮蓬也在一次比赛中得分首次超过了乔丹。

乔丹的这种做法为公牛队注入了很大的凝聚力，使公牛队创造了一个又一个神话。

乔丹能够做到这一点，是因为他知道，自己球技再好，个人得分再多，如果公牛队没能赢得整场比赛，那么就没有意义。

正因为如此，他赢得了所有队友的尊重和支持，而他的能力，也在团队中得到了更好的发挥。

才能只有用于做事，才有真正的价值和意义。

相反，你如果有点才能，就把它当成骄傲的本钱，这会给自己造成许多想象不到的阻力，导致路越走越窄。

我们要向乔丹学习。这样不仅自己的才能能得到更好的发挥，得到别人更多的认可，也会给团队带来更多积极的力量。

四、工作要到位，角色不越位

在执行过程中，工作一定要做到位，但是，在角色上千万别越位。

工作做到位是做事，角色不越位是做人。一越位不仅给自己带来许多阻力和麻烦，而且也会为单位及其他人，造成想象不到的问题。

（一）明确职责，不要超越权力范围做事

任何单位，对各人的角色，应该有明确的分工。在执行的时候，一定要懂得哪些是自己该做的，哪些是自己不应该做的，千万不要越位。

先来看一个故事：

1952年，彭德怀开始主持中央军委的日常工作。一天，他看到一份公文中出现了一个不容忽视的失误，在这份报告上，竟然盖有陈赓

个人的图章。

彭德怀于是立即将担任副总参谋长、国防部副部长的陈赓找来,狠狠地将他训斥了一通。

到底是谁不经同意,竟然以自己的名义给彭副主席写报告?窝了一肚子火的陈赓回到办公室以后,立即开始调查这件事。

一番调查后,总参谋部的一位工作人员才站出来承认了错误,他是总参谋长粟裕的秘书。

原来,当时担任总参谋长的粟裕正在外地疗养,这位秘书到代理总参谋长工作的陈赓那里请示公务。他以为不过是例行公事,所以没有报告就擅自盖了陈赓的图章。

陈赓听了,不禁勃然大怒,将这位秘书狠狠训了一通。这样的事情如果发生在战争年代,可是会被军法处置的。好在问题被及时发现和制止了,才没铸成大错。

如果你是陈赓,你会重用这样做事越位的下属吗?

我想,肯定不会。

然而在现实的工作中,很多人却并不懂得做事不越位的重要性,有的人以为,只要自己的出发点是好的,就算是越位也没有什么。却没有想到,一越位,就可能给组织的运转带来混乱,就有可能出大的风险,当然也可能给自己带来伤害。

真正有智慧的执行者,都懂得这样一个道理:做好事情是本分,不做越位的事情同样是本分。

(二)越是忙乱,越要警惕"越位"

在第二单元第六章《执行要用手,更要用脑》中,我们提出了"出彩不出事"这一观点,并强调说要警惕"万事忙中错"。因为越忙越乱,越乱越错。

其实，不少人"角色越位"，也是因为忙乱导致，像前面所讲的那位秘书，之所以犯错，也有这个原因。

这时候，一定要保持冷静的头脑，再忙乱，也不要越位。

1981年春天，担任美国副总统的乔治·布什正乘坐"空军二号"飞往外地执行公务，突然他接到消息，里根总统遇刺，正在医院抢救，让他立即返回华盛顿。

于是，布什立即命令飞机调头。

因为事情特殊，飞机在安德鲁斯着陆之前，布什的副官约翰·马西尼建议让飞机直接飞往白宫，在南草坪上着陆。

因为如果飞机按照规定的航线在安德鲁斯降落，然后再换乘直升机飞抵副总统住所附近的停机坪着陆，再驱车赶往白宫，时间会很长。而直接在白宫的南草坪上降落，将大大节省时间。

布什考虑了片刻，否定了约翰·马西尼的建议，并且说了这样一番话：

"在美国，只有里根总统的'空军一号'才能在南草坪上着陆。我乔治·布什只是副总统，不是总统，不能那样做。"

尽管情况紧急，但如果布什在匆忙之中采纳了马西尼的建议，后果会怎样？

总统刚刚遇刺，副总统就将自己的专机停在了只有总统专机才能停放的白宫南草坪上，这样的举动会引起民众怎样的猜测，也就不言而喻。

如果真是这样，布什可就是百口莫辩，说不定对他日后登上总统宝座也会带来很大的影响。

可见，忙乱之中保持谨言慎行是多么重要。

在工作中，忙乱特别是遇到一些突发事件时，我们往往容易失去主见和判断力。

这时候，请你对自己说：冷静冷静再冷静！清醒地理出头绪，避免犯错，当然也要避免越位的情况发生。

第四章　要想凡事行得通，常修"外圆内方"功

执行的最高境界，可以学习中国古铜钱的哲学：

它的形状是外圆内方。其内涵是："圆"——要有外在的灵活性；"方"——要有内在的原则性。

光有灵活性没有原则，那就成了圆滑；光有原则性而没有灵活性，那就是死板，这二者都难以行得通。

只有将原则性和灵活性统一起来，执行才能达到最好的效果。

一、多一点光芒，少一点锋芒。

二、越能读懂人性，越能创造成功。

三、以"双赢"方式处理两难问题。

一、多一点光芒，少一点锋芒

外圆内方的人，都会格外重视分寸。他们不管在何处，都会发光，却格外注意收敛锋芒。

严格说来，他们是做事有光芒，但做人却避免锋芒毕露。

光芒是耀眼的，既能照亮自己，又能照亮别人；而锋芒往往是刺眼的，锋芒太露，就变成了伤人伤己的利器。

多一点光芒，可以凭本领和业绩赢得更多人的尊敬。少一点锋芒，可以避免更多的阻碍和陷阱。

（一）要自信，不要自大

人不能没有自信，但自信绝不等于自大。所以无论什么时候，要自信，但不要自大。

王选是北大方正集团的创始人，被誉为"当代毕昇"和"中国汉字激光照排之父"。他发明的激光照排改写了我国印刷业的历史，囊括了很多重大发明奖项。

尽管如此成功，在技术上有自信，但王选却非常谦虚，甚至曾对媒体说自己只能进行科技攻关，却不能指明科研方向，也不能让科技在经济领域产生效益。

其实如果他不说，没有人会怀疑他在以上三个方面的成就。不仅如此，1993 年，56 岁的王选决定退出设计第一线。

很多人对他这样的举动很不理解，因为按照通常的标准，56 岁还是年富力强的年龄。但王选自有他的理由：这样才能全力扶持年轻人创造新思想、新成果。

王选曾对媒体坦言，促使他做出这样决定的是两件事：

一件事是1991年，北大方正集团的91设计方案即将上市之前，却突然发现计算机芯片在处理图形方面存在漏洞。

于是王选找来了3个年轻的技术攻关人员处理。开始时王选对他们并没有寄予多大希望，但没想到其中一个很快就将问题解决了。

另一件事发生在1993年春节，王选连续工作了半个月进行一项试验。但一位学生看了他的设计方案后却说：

"王老师，你设计的这些都没有用，IBM的计算机总线上有一条线，可以替代你所有的设计。"

作为那么有成就的专家和权威，在技术上王选当然有自信，但他并没有自大，而是能够看到自己的不足，甚至坦然承认自己的弱点和不足，并且主动退出一线，将机会让给年轻人。

这种心态为他带来了一大批中国计算机领域的精英人才，使他自己成为中国的比尔·盖茨式的人物，也使他的北大方正集团，仅用了8年时间，就成为了世界知名企业。

自信而不自大，这是个人和企业成功的共同秘诀。

在北大，王选曾经做过一次"思想的声音"的演讲，其中一段谈到了"名人与凡人的区别"，十分幽默而辛辣，不仅对名人，而且对所有自我感觉良好的人都有很好的警示作用——

"名人和凡人差别在什么地方呢？名人用过的东西，就是文物了，凡人用过的就是废物；名人做一点错事，写出来叫名人逸事，凡人呢，就是犯傻；名人强词夺理，叫作雄辩，凡人就是狡辩了；名人跟人握握手，叫作平易近人，凡人就是巴结别人了；名人打扮得不修边幅，叫有艺术家的气质，凡人呢，就是流里流气的；名人喝酒，叫豪饮，凡人就叫贪杯；名人老了，称呼变成王老，凡人就只能叫老王。"

"这样一讲呢，我似乎慢慢在变成一个名人了，在我贡献越来越少的时候，忽然名气大了。所以，要保持一个良好的心态，认识到自己是一个非常普通的人，而且正处在犯错误的危险的年龄上，这在历史上不乏先例。"

分析人之所以会自大，不外乎三种原因：

（1）自大使自己有成就感。

（2）自大让自己心生愉悦。

（3）自大能够躲避现实、逃避责任。

而自信又体现在哪些方面呢？

（1）不依仗自己的身份在别人面前趾高气扬。

（2）不躺倒在过去的功劳簿上而丧失现在和未来。

（3）敢于把自己的弱点公之于众。

那我们又如何提升自信，避免自大呢？方法有四种：

（1）自我提问。

经常有意识地问自己是否已经开始自我膜拜：

"我是否开始自大了？"

"近期我有没有自以为是？"

"我是否开始听不进别人的意见及劝诫了呢？"

……

常问自心，才能警示自我。

（2）自我怀疑。

常常自我怀疑才能避免自我膜拜。即使达不到"每日三省吾身"，也要适当地反省自己：

"我是否真的如此完美？"

"我是否像自己想象得那般了不起？"

"我做出的成绩真有这么好吗？"

……

常怀疑自身，是避免自大的开始。

（3）自我负责。

自大其实也是逃避个人责任的表现，当我们习惯性地把责任推给别人时，自己的责任便被弱化，便会觉得自己都是对的，而别人全是错的。长此以往，最终会将自己置于自大的境地。

（4）自我纠正。

当你发现以上问题时，必须进行自我纠正，才能确保不再犯同样的错误。

只有打破盲目自大，确定十足的自信，才能在职场中实现更好的自我，从而迈向更加辉煌的明天！

（二）给人留有余地，不要咄咄逼人

一些人完成任务或操办某些事情，因为不懂人情世故，往往急着把事情做成，却没有料到，自己的做法，往往给人留下咄咄逼人的感觉。不仅会影响办事的效果，而且给人印象不好，让人抵触。

著名作家刘墉在他的《世说心语》里谈到了这样一件事：

一次，一位报社的主编向他约稿，他勉强答应了。接着，主编开始不断地向他催稿。

一天，两人在一个聚会上碰到了，对方走过来跟他说："你不是说稿子已经写好了吗？有没有带过来？"

刘墉回答说："真糟糕！留在桌上，忘了！明天一定派人给你送过去！"

谁知，会议结束后，主编坚持要送他回家，他推托了半天也推不掉，无奈之下，只好上了车。到了巷口，刘墉一再说不用送了，可主编非要送他进去不可，说正好把车子停到他家门口，这样刘墉就可以把稿子拿下来给他了。

到了这个份上，刘墉只好老老实实说：

"对不起，我是稿子忘了写，打算今天赶夜工，明天给你。"

事后，刘墉这样感慨道：自己乱编托词固然是不对，可他何必把我逼到角落呢？难道他看不出，我说忘了，只是托词吗？

如果换作我们是刘墉，当时的尴尬和恼火可想而知，甚至对对方这样咄咄逼人的架势有些咬牙切齿：难道没看出来我一直在推辞吗？干吗非得步步紧逼？难道非得让我丢了面子你才甘心？

尽管编辑向作者催稿子是合情合理的事情，但遇上这样的主编，哪位作者心里都不会舒服，甚至一生气，下次再也不投稿了。丢掉了一个好作者，对于编辑来说，岂不是大损失？

编辑的做法太过死板机械，不懂得灵活变通，做事不给别人留余地，自然让人抵触。

给别人留有余地、就是给自己留有余地。

不仅像上述这种情况要重视这点，在其他方面也同样如此，千万不要得理不饶人，说话不要太过激，做事不要太极端，这样的话，自己也更容易被人接受，抓执行也更有效果。

（三）退步是为了更好地进步

我们常常说"退一步海阔天空"。其实做执行也一样，有时候，表面的退步是为了更好地进步。

我们都有这样的体验：

一件商品，价格比较贵，一点折扣都不打。这时候，哪怕自己真的很喜欢，你可能也下不了决心买它。

但同样的商品，同样的价格，如果售货员告诉你，买了之后有礼品赠送，那么你可能稍加犹豫后就会买下它。

为什么会这样？因为尽管礼品值不了几个钱，但你觉得对方做了让步，心理上获得了满足。

其实，退一步，听听别人的意见又何妨？真正聪明的人，懂得把"理"和"对"让给对方。

小王需要面谈的客户是一位老先生，临出发前，经理还特意嘱咐他说：

"你要洽谈的那位客户以前我也让其他业务员去过，他们公司需要我们产品的时候很多，所以你的机会还是很大的。但是，他并不好打交道，有时候，你说十句话，他未必听得进一句。他总是按照自己的那一套去说。如果你去见他，一定要有耐心，不管他怎么说，你都不要介意。"

走到客户的办公室门口，小王先给自己打打气，然后硬着头皮敲门进了屋。见到客户小王立即做了自我介绍。客户很客气地让他坐下，还没等小王说明来意，客户就开始问他来的意图。小王心中一阵窃喜，"哪是经理说的那样，估计是考验我才故意那么说的。"

小王立即说明了自己的来意，也顺便介绍了公司的情况。没想到，小王刚开了个头，客户就立即打断了他。

也不管小王愿不愿意听，客户就开始海阔天空地聊了起来。先是新闻，后是天文地理，甚至他家热水器坏了厂家没有及时来修都被他评论了个遍。

一时不知道说什么的小王只有赔着笑脸一边听，一边点头。没想到，客户把话题越说越远，开始跟小王探讨各大菜系的做法。

与客户见面前，小王就已经备好了"功课"，想着用各种理由来说服客户。可这样一来，小王根本就插不上嘴，原本想好的那一套根本就用不上。

着急的小王这下相信经理的话了，他强忍着内心的焦急和不满，耐心地等待客户把话题结束。过了好久，客户才停顿了一会儿，小王立即抓住机会，拿出自己早就放在手里的说明书，对客户说：

"从和您的谈话中，我知道您是一个很关注生活的人，想必也是一个自我要求很高的人，这是本市最好的纺织用品的商品说明，希望您过目之后能找到您需要的东西。"

就这样，小王在忍受客户无聊谈话的一个多小时之后，终于递上了详细的产品说明。

让人没想到的是，第二天，小王就接到客户打给他的电话，他得到了那家公司的订单。

当他把接到的订单交给经理时，经理十分吃惊，立即询问小王："你去见的那个客户还是那个老先生吗？他是我们公司很多业务员都攻不破的'难题'，一般人真受不了，你是怎么做的呢？"

其实，小王唯一的法宝就是忍让，尽管当时他有万般反感，但还是认真地听了客户的唠叨，没有反驳，没有质疑，也没有不耐烦。

如果小王一开始就表现出烦躁，不愿多听客户啰唆，或者直接打断客户说话，反复说明来意，解释产品如何吸引人，那就不会有后来签下大订单的成绩。

很多时候，退步并不是目的，而是为了更好地进步。

懂得了这一点，本来做不成的事也可能做成，本来无法成交的单，就可能成交。

二、越能读懂人性，越能创造成功

我很赞同这个观点：成功学就是人性学。一个人，越能把人性读懂，就越能创造成功，体现在工作上，就越能解决问题，达到理想结果。

（一）人性 = 佛性 + 魔性

我在给北京市五星级酒店长富宫饭店做培训时，该酒店的领导给我讲了这样一个故事：

"非典"期间，很多人都不敢住酒店。然而，他却接到一位朋友的电话，说看到一篇夸奖该酒店服务周到的文章，作者是一位日本客人。

他赶紧去客房部了解情况。原来这位日本客人非常挑剔，住在酒店的时候提了不少意见，还经常发脾气。但客房部的服务员每次都对他笑脸相迎，尽量满足他的需要。

当大家听说这位最难"伺候"的客人，竟然这样夸奖自己的酒店时，很开心也有些吃惊，因为真没有想到：这么挑剔的人，对酒店却这样有情感。

通过这件事大家也得出一个珍贵的经验：

越是挑剔的客人，你的服务越好，他越记得你，对你越认可，所以，更要对他做好服务。

"非典"过去后，这位日本客人又来了。但他丝毫没有改变，一如既往地挑剔、发脾气。客房部的服务员也是一如既往地对他进行周到的微笑服务，甚至体贴入微地做出了很多一般人不可能做到的举动。

一次，这位日本客人因为不小心，将假牙掉进厕所里冲走了。他既懊恼又生气，最后竟迁怒于服务员，对她们大发雷霆。

不管这位日本客人怎样对她们咆哮，她们仍然用最真诚的微笑去面对他，直到最后妥善地解决了难题。

事隔不久，又发生了一件让这位日本客人感动不已的事：

他突然生病了，身边又没有一个朋友，怎么办呢？正在这时，服务员发现了，于是赶紧把他送往医院，并一连几天守候在病房里，像亲人一样照顾他。

这位日本客人深受感动，病愈后，又在一份非常有影响的媒体上发表了一篇文章，对该酒店大加赞扬，使该酒店的美誉度大大增加。

我将这个故事讲给不少学员听，并让大家对这个故事进行分析。

精彩的观点很多，其中一个观点我格外赞同：

酒店之所以能够得到顾客的认可，是因为酒店的服务员成功地掌握了人性。

那么，什么是人性呢？

我有一个通俗的解释：

人性＝佛性＋魔性。

每个人的内心，都具有佛性和魔性两面。

当你以一颗佛祖般宽容、慈爱的心去对待别人时，就会相应地激起对方的佛性，从而使双方达成一种良好的沟通状态。

而当你用恶魔般恶劣的态度去对待别人时，别人心里的魔性也就被你激活了，这样矛盾和摩擦就会如影随形。

我们在工作中，也会有这样的感受：

当你友善地对待同事时，同事也会友善地对你，愿意在工作中帮助你、支持你；

而当你处处挑剔、苛责别人时，别人也就会对你敬而远之，甚至同样不友善地对你。

真正有智慧的人，善于激起别人心中美好的一面，也就是"佛性"的一面，并遏制别人心中魔性的一面。

当支持、帮助你的人越来越多，发展的助力自然就会越来越大。

（二）改"理直气壮"为"理直气和"

在现实中，不少人有理时，说话的声音就提高八度，好像不提高音量，就不能证明自己有理，唯恐自己说小声，别人就听不见、意识不到错误。

对这种行为，他们认为这是"理直气壮"，但是，理直就一定要气壮吗？

我们先来看这样一个小故事：

一位正在用餐的顾客，突然将服务员叫了过来，指着面前的杯子满脸怒容地说：

"你们给我的牛奶是坏的，我一倒进去，红茶就凝成块了，还怎么喝啊！"

服务员一看，立即微笑着柔声说：

"真对不起！我马上给您换一杯。"

新红茶很快就准备好了，一起端上来的，还有和刚才一样的新鲜柠檬和牛奶。

服务员这时又轻声说道：

"如果您要在红茶里加柠檬，我建议您不要同时加牛奶，因为有时候柠檬酸会造成牛奶结块。"

顾客一听，有些不好意思地说：

"是这样啊，你不说我还真不知道。"

"其实是我们的服务没有做到位，在上茶的时候我们就应该提醒一下顾客。说起来，应该谢谢您对我们服务的促进才是。"

服务员的一番话，让本来觉得有点丢面子的顾客顿时变得很高兴。从那以后，他成了这家餐厅的忠实消费者。

设想一下，如果面对顾客的质疑，服务员一脸的不屑，解释的时候语气中明显带着看不起，言下之意是"你怎么那么老土，连这个都不懂"，或者声音马上高八度，"这可不是我们的责任，您怎么能够将柠檬和牛奶同时加到红茶里？"

那么结果如何，可想而知。就算顾客最终意识到自己的做法不对，但自尊心也受到伤害，再也不可能踏进这家餐厅半步。

而这位服务员尽管自己有理，却并没有咄咄逼人，而是用很委婉的方法解决了问题，既告诉了顾客正确的做法，又没有让顾客感到难堪，最终还留住了一位长期顾客。

看了这个故事，你是否还认为"理直"就一定要"气壮"？

著名的社会心理学家阿伦森有这么一句名言：

"要获得别人的喜欢与支持，莫过于去满足别人的满足感。而人最大的满足感，莫过于他得到尊重。"

讲得真好。俗话说得好："人敬我一尺，我敬人一丈。"这个故事，其实是告诉我们一个很重要的人性法则：人最大的需要之一，就是被尊重的需要。

"理直气壮"，有时会给人一种咄咄逼人的压迫感，让人心生芥蒂。

而很多时候，"理直气和"比"理直气壮"更能解决问题。用春风化雨般的方式去解决问题，让自己高兴，又让别人欢喜,何乐而不为？

三、以"双赢"方式处理两难问题

有时候，我们会遇到两难问题，照顾了这一方面，就会损害那一方面，照顾了那一方面，就会损害这一方面。这时，就要学会以"双赢"的方式处理问题。

（一）以"双赢"方式，解决接受任务的难题

在做执行的时候，我们有时会遇到这样的情况：

领导临时交给你一项紧急的任务，难度很大，仅靠自己的力量很难完成，这时候，你该怎么办？

在这种情况下，通常有两种反应——

第一种做法：直接拒绝。

"老总，这绝对不可能，时间那么短，任务那么重，就算是神仙也完成不了，我做不了。"

这种做法是对领导突然交待的任务畏难、推托、拒绝。

这时候，老总表面上不说什么，但心里却非常不悦：

"我让你做点事情怎么就这么难！"

其结果是：

（1）让上级感到没有面子，权威受到伤害。

（2）觉得你没有能力或者是找借口不愿承担责任。

（3）既然你不愿意做，那就让别人去做好了。

有这么几次之后，你就会被慢慢晾到一边：难的事情不会让你去做，但有好的机会也不会轮到你。

第二种做法：不敢也不好意思不答应，做不好也硬着头皮接受。

其结果是：

（1）自己忙得团团转，累得筋疲力尽。

（2）虽然任务勉强完成，但质量大打折扣。

（3）任务没完成，同时质量还大打折扣。

（4）吃力不讨好，为此老总还非常生气：

"做不了你怎么不早跟我说？现在你让我怎么跟客户交待？"

那还有没有更好的方法呢？当然有。

我们来看看第三种做法：

你可以这样对上级说：

"老总，我知道了。这个项目对我们公司来说非常重要，我一定会全力以赴做好这件事情，我相信通过努力，一定会完成。但因为时间非常紧，光靠我们部门的力量可能不够，为了能够顺利完成任务，其中的一些实际困难，可能需要您的帮助。"

老总："我也知道要完成这个项目难度确实很大，辛苦你了。你有什么要求，尽管提。"

"我需要 A 部门和 B 部门的配合，但是我直接去跟他们沟通可能不太合适，您看这样好不好，您能不能现在给 A 部门的刘主任和 B 部门的李主任打个电话，让他们一起过来开个短会，协调一下这段时间的工作？"

老总："没问题，我现在就打电话让他们过来。"

毫无疑问，这种做法是最好的方法，也是"双赢"的做法。首先，他表了一个执行者最好的态：知道项目非常重要，会全力以赴，并且相信通过自己的努力可以完成。

这样一来，首先就安了领导的心，让领导觉得你不推托、敢于承担责任。这就为下面提出自己的想法做了一个很好的铺垫。

接下来，很有分寸地提出实际困难，让领导帮自己想办法，并且提出具体的解决方法。

这样一来，问题就迎刃而解了。你既能很好地完成任务，又能在领导那里获得良好的印象分。

（二）在不伤面子的前提下把事做成

中国人有句名言："树活一张皮，人活一张脸。"可见在办事和执行过程中，照顾别人面子的重要性。这时候，"双赢"的方式，就是要学会不伤别人面子，又把事情做成了。

小雪是一家五星级大酒店餐饮部的领班。

一天，她负责接待了一批外国游客。

在餐宴上，一位游客趁大家不注意，顺手将一双制作精美的景泰蓝筷子放进了包里。

这一幕正好被小雪看到了，她非常清楚：这套景泰蓝餐具价格不菲，一旦被客人拿走，就会让酒店蒙受损失，而自己作为餐厅的工作人员，也有责任制止客人这样的行为。

但如果直接向客人指出来，无疑会让客人大丢脸面，甚至拒不承认，搞不好还会引起纠纷，给酒店造成负面影响。

该怎么办呢？

小雪想了想，突然有了主意。

很快，她就捧着一个装有景泰蓝筷子的绸面小匣子，不露声色地走到那位游客面前，说：

"先生，我发现您在用餐时，对景泰蓝餐具爱不释手，您一定非常喜欢像景泰蓝筷子这样的传统工艺品吧？"

游客被小雪这么一问，不禁有些紧张，只好回答说：

"是的……十分喜爱……"

她依然微笑着问下去：

"那么您是否愿意带上一双景泰蓝筷子作为旅游纪念品呢？"

游客不知道小雪的葫芦里卖的是什么药，也不敢轻易回答。

小雪继续说：

"每个到中国来旅游的人，都希望带一些有中国传统特色的纪念品回去。您那么喜欢景泰蓝筷子，是否愿意带一双回去呢？我们会按最优惠的价格记在您的账单上。"

话说到这里，游客也明白了其中的含义，于是说：

"不用了，谢谢贵酒店想得如此周到。"

小雪面带微笑离开了，当她再回头时，看见那位游客悄悄地把筷子放了回去。

小雪以圆融的方式，将这个棘手的问题解决了，既给游客保留了面子，又避免了给酒店带来损失。

这样的做法，是不是值得我们学习呢？

外圆内方的方式，容易给一些人造成不好的印象，认为是让人学会圆滑。

这是很大的误区。其实，这是圆通，而圆通并不是圆滑。

圆滑是没有原则性，只是一味投机取巧。

而圆通是在坚持原则的基础上，懂得变通，是原则性与灵活性的高度统一。

效果要圆满，做事需圆通。

第四单元　会工作，还要会说话
（最好的执行者如何提高表达与沟通能力）

关于说话能力的重要性，越来越引起人们的重视。如前一段时间有个观点就很受欢迎："所谓情商高，就是会说话。"

要成为最好的执行者，光埋头干工作是不够的，还得提高自己的说话水平。

有这样一个重要的观点：70% 的管理问题是沟通问题，90% 的工作问题是沟通问题。

在执行的过程中，表达与沟通能力十分重要。而表达与沟通能力，主要体现在说话上。

第一章 说到一定做到，做不到一定不说

第二章 换种说话方式，执行柳暗花明

第三章 学会"三思而后言"

第四章 学习周总理的说话智慧

第一章　说到一定做到，做不到一定不说

最好的执行者不要忘记李嘉诚的告诫：

"与新老朋友相交时，都要诚实可靠，避免说大话。要说到做到，不放空炮，做不到的宁可不说。"

其实在执行中也是一样，一定不能说大话，说到就必须做到，做不到的一定不说，否则，就会搬起石头砸自己的脚。

一、轻诺寡信和含含糊糊，害己又害人。

二、以"说到做到"铸就金字招牌。

三、即使可以做到，有时也可留有余地。

一、轻诺寡信和含含糊糊，害己又害人

我为上海黄金搭档有限公司培训来自全国的经理人时，看到他们企业文化的核心理念，其中有这样一条：

"说到做到，做不到不说。"

这不仅是一个大企业的经验总结，也是最好的执行者说话做事应该秉承的原则。

有的人从不轻易许诺，可是一旦做出了承诺就一定会做到。而有的人，却把许诺看得比吃白菜还容易，答应别人的时候很痛快，但是想从他手上得到一个结果，却是千难万难。

这两种人在我们的工作中都时常遇到，很显然，我们更愿意和前一种人合作，而对于第二种人却是避而远之。

（一）轻诺寡信，总会误人误己

有位老总谈到过这样一位下属：

我每次给他分派任务，他答应得比谁都快，总是拍着胸脯说：

"您放心，绝对没问题。"

开始的时候，我对他还挺欣赏，觉得他的工作态度不错。但慢慢地，却发现根本不是这么回事，他说"没问题"的时候，往往就会"有问题"。

他做的是市场，每次回来，他都是报喜不报忧：这家有合作的意向，那家也很看好我们。但奇怪的是，说得那么好，就是没有一家合作成。

直到有一次，我偶然碰到他多次提到的"一家很有合作可能"的企业的老总，交谈之下，才发现他们企业发展的重点和我们公司的根本不一样，完全没有合作的可能，这时我才知道，他其实一直在自欺欺人。

尽管我跟他交流过多次，但他一直改不过来，在忍无可忍之下，我只好请他离开。

其实，领导不怕下属遇到问题，一时做不到、有了困难，完全可以提出来一起解决，也不怕下属成长得慢一些，怕就怕他不肯脚踏实地，整天在半空中飞，结果是误了自己，也误了别人。

孔子说得好："自古皆有死，民无信不立。"可见信用对自己、对社会的重要。

任何说到却做不到的人，都会透支自己的信用，在单位和社会上寸步难行。

我们要养成"一口唾沫一个钉""说到就要做到"的素养，这样，才能成为优秀的执行者，成为领导信任、器重，大家认可的人。

（二）宁可把问题说在前面，也决不因失信而误事

在执行中，人们还容易犯一种错误：有时候，为了给人留下好印象，哪怕接受任务时有困难，或工作中出现了想象不到的问题，也不及时与对方沟通，结果后来耽误了事情，甚至造成很大的失误，这时候，领导或有关人员往往会既失望又愤怒：

"有问题为什么不早说？你怎么那么不负责？"

与其出现这样的局面，不如从第一时间开始，就实打实地做工作，主动向领导和有关人士说出问题或难处，这样既不会造成不必要的被动局面，也避免给人留下"信不过"的印象。

程林海是某公司的人事部经理，他为新进公司的一批销售人员进行培训，并按照老总的意思，准备从中挑选可以成为销售主管的人才，

以便在适当的时候提拔重用。

在这些新人中，李华和余平的能力比较突出，最为程林海看重。尤其是李华，他在过去的公司的销售业绩就很好，而且也有管理者的思路，程林海觉得如果能好好培养，李华一定能有不错的发展。

培训了一段时间之后，为了让他们对企业的产品和市场情况有所了解，程林海特地安排他们针对本市的市场进行分区调研，要求在调研报告中要有各分销渠道的销售情况的详细记录，公司在本行业的竞争方面存在什么问题、有什么样的机会，等等。

在这些报告中，李华的分析是很不错的，可以看出他考虑问题的角度比较独到，提出的建议也很中肯。其次是余平，看待问题也比较深刻。

程林海着重表扬了李华，心想，如果不出意外，在培训结束的时候就把李华作为重点培养对象上报给老总。

为了进一步考察李华和余平的能力，程林海特意把所有新人的调研报告和资料都交给他们，让他们把本市的主要销售渠道按路线制作出一份分布图，这也是当销售主管应该具备的工作能力之一。

李华一口答应下来："放心吧，程经理，这周三我就能做好交给您。"

余平犹豫了一下，说："程经理，我第一次做分布图，有些东西不是很了解，可能需要一个熟悉的过程，时间上能不能长一点，我下周一交给您可以吗？"

程林海点头同意了。

到了周三，程林海左等右等不见李华来交分布图，只好主动找到他，没想到李华却很为难地说："程经理，这个分布图做起来还挺有难度的，而且这几天工作也挺多的，您看能不能多宽限几天？"

程林海想，对李华来说这确实有些难度，就同意了。

到了下周一，余平把自己做的分布图交了上来，而李华依然没有动静。

因为培训已经结束，进入了试用期，程林海又交给他俩一项任务，让他们以主管的视角，根据之前的调研报告写一份运作方案，包括销售人员的管理等内容。这是为了考察他俩作为管理者的能力。

李华照旧是一口答应下来，并且还是承诺了一个很短的时间会完成。而余平仍然是仔细思考了一番，才给出完成时间。

在余平承诺的时间内，他把方案交了上来，而李华还是没有动静，至于上次的分布图，当然也是不见踪影。对此李华没有任何解释。

没过多长时间，公司内部进行调整，需要增设一名新的销售主管，程林海向上级推荐了余平。

上述案例告诉我们，"轻诺寡信"还是"一诺千金"，结果真有天壤之别。同时，也让我们看到：一个"轻诺寡信"的执行者和一个说话算话的执行者，最终会受到怎样的对待。

最开始的时候，程林海非常看好李华，余平只不过是"备选"，可是到了正式推荐销售主管人选的时候，为什么他却推荐了余平？

因为一个是说到一定做到，一个是轻易做出承诺，却不能做到。

分派任务的时候，李华答应得痛快，还主动提出完成的期限，可是结果却根本没做到。如果这两项任务不是考察他，而是与公司业务紧密相关，那李华执行上的拖延就会为公司带来损失。

另外，李华在失信之后不做任何解释也是非常糟糕的行为。

李华没有做到自己承诺的事，之后也没有任何解释，就好像事情根本没发生过一样，显然是根本就没把程林海交待的任务当回事。有哪个当领导的能容忍下属这种"阳奉阴违"、表面上答应暗地里却无所作为？

对于这样的人，程林海当然不敢冒险推荐他。相比之下，能力稍逊但却踏实肯干、说到做到的余平更能胜任更高的职位。

对于任何单位的领导而言，能"说到做到"的下属要比"轻诺寡信"的更值得提拔。

（三）有问题就要及时指出，不要因含糊而误人误己

执行包括方方面面，涉及的沟通问题，也是全方位的。不管是对下级，还是其他人。这时候也要注意表里如一，不要含糊，也不要因为面子等原因，不及时指出有关问题，否则，同样容易误人误己。

曾在苹果公司做副总裁的李开复，讲述过一件对他触动很大的事情。

他发现，他管理的一个团队存在很多问题。一年后，李开复果断决定把这个团队解散。此举得到了老总的赞赏。

但是，这个团队中有一个被解雇的人走到李开复的办公室，对他说："我对自己队伍的遭遇没有什么异议，我们的工作确实存在问题。但是，我认为你在诚信方面也有需要检讨的地方。"

听了这话，李开复一下子就呆住了。他非常惊讶，因为他向来是最重视诚信的，他不知道这名员工为什么会这么说。

这名员工解释道：

"我们每次向你汇报工作的时候，你总是愉快地告诉我们，你对我们的进度是满意的。但是，我相信你的心中早已经产生了怀疑。也许，你是为了鼓励我们，可你所表现出来的言行不一，不利于我们及早发现和改进问题，这是有失诚信的做法。"

这一番话极大地触动了李开复，他猛然间意识到，正是自己一味地做"好人"，才使得团队遭受了失败。

从此之后，不管在哪个岗位上，李开复都特别注意这一点。只要看到问题，就马上指出，这样才能使得他带领的团队频频做出好的成绩。

让执行的每个方面都变得真实准确，是确保执行到位的根本。如果该把问题说清楚时却含含糊糊，结果往往是耽误了完成任务的时机，只会使上级和下级不满意，吃力不讨好。

二、以"说到做到"铸就金字招牌

如果要说最好的执行者最应该拥有的品质，"说到做到"一定在其中，这样的人，无论什么时候，都会让人觉得可靠、可用、可信。

"说到做到"就如同一块金字招牌，为我们开辟发展之路，也赢得更大的认可甚至尊敬。

（一）越优秀的人，越重视"说到做到"

在这方面，周恩来总理堪称楷模。《燕赵都市报》等媒体报道了这样一件事：

1961年春，周总理去视察一个村庄，遇到了一个叫张二廷的农民。

张二廷性格耿直、心直口快，在座谈会上说了很多"大实话"。周总理问大家吃食堂好不好，张二廷就很干脆地说不好，国家规定社员一天六两粮食，可是在食堂他们只能吃到四两。这是因为队干部、炊事员也都在食堂吃饭，为了吃饱吃好，他们占去了队员的那二两。

类似这样的"实话"张二廷可是跟总理说了不少，吓得其他村民偷偷提醒他，再这么说下去，等总理走了，他一定会被公社、县里的官员报复的。张二廷也害怕了，不敢再对总理说了，他觉得除非总理还能来看自己，否则自己恐怕就要倒霉了。

总理知道了张二廷的顾虑，就告诉他，以后自己还会来看他，即使自己不能来，也会派人来，而且年年都会来。

总理这样的承诺让人心里暖乎乎的。

但也有村民想，总理大概是话赶话，随口答应的，不能当真。也有人想，总理那是多大的官儿啊，每天要做的事那么多，怎么可能记得住答应一个普通农民的话呢？还有人想，就算总理不能来，谁也不能说他不对，毕竟总理要做的事无论哪一件可都比来看望一个农民要重要得多。

可是，从这一年起，周总理真的每年都派人去看望张二廷，问问他有什么困难需要帮助。一年、两年、三年……一直到了"文化大革命"第二个年头，周总理没办法派人过去了，这才不得不停止了他对张二廷的承诺。

一位日理万机的国家领导人，对一个普普通通的农民都能"说到做到"，作为我们，不是更应该学习这种精神吗？

很多时候，我们可能并不看重自己随口说出的话，觉得有些事情虽然答应了，但是做不到也没什么。

但是，随便许诺却做不到，就会让别人觉得说话的人不可靠，遇到事情也就不愿意交给这样的人去办——因为完全没有办法预料他是能做好还是做不好，谁也不愿意承担这种风险。这样一来，还谈得上什么个人发展？

（二）以非常手段确保"说到做到"，更容易铸就"金字招牌"

其实，不仅仅是个人，即使是世界闻名的大企业也非常重视"说到做到"，用它来塑造企业信誉度的金字招牌。

IBM 为了创造良好的售后服务，特意挑选出一批优秀的技术人才，专门负责为客户解决各种问题。并且，IBM 向客户许诺，所有服务一定会在客户提出要求后的 24 小时之内完成。

有一次，一位客户给 IBM 打来电话，要求他们立刻派人去修理出了故障的计算机。但这位客户所在的地方是很偏远的山区，按照正常的情况，必须要两天的时间才能赶过去。

换了很多人，可能都会想：

不是我们不愿意兑现承诺，而是客户住得实在太远，这是客观因素造成的。就算两天后到达，只要跟客户解释一下，对方也一定能够理解。

这样的理由看上去似乎的确很充分。但是不是这就可以成为我们不兑现承诺的借口？

我们来看看 IBM 是怎么做的。

公司认为，既然承诺了就一定要做到。为此，他们决定让维修人员乘直升机赶过去。最终，维修人员及时赶到了客户家里，顺利解决了问题。

或许很多人会觉得，为了修电脑而动用直升机，这也太不可思议了。电脑才多少钱，动用直升机又得花多少钱，这不是萝卜花了肉价钱吗？有必要这么小题大做吗？

有这样想法的人，看到的只是表面上的合算不合算，却看不到"说到做到"背后的巨大价值。

我们可以想想，一家企业为了修电脑都可以动用直升机，这会给消费者带来多大的震撼。像这样的企业，有什么理由不信任？它的产品，又怎么会没有保证？

这样的形象，是花多少钱做广告都换不来的。也正因为有了这样的"金字招牌"，IBM 才能成为世界知名的大企业。

三、即使可以做到，有时也可留有余地

当我们向别人做出承诺的时候，一定要量力而行，说到的一定要做到，做不到的一定不说。而即使能做到的事，我们在说的时候也应该留有余地。

（一）警惕"水满了要漫，话满了要翻"

在价值中国网上，有一篇单克锋写的文章，题目是"谈话，要给自己留有余地"，里面提到了一个故事很有意思，在这里和大家分享一下：

"我曾在列车上听到两位推销员对同一商品的说词。他们推销的是同一新产品：螺旋状的袜子。为了表明这种袜子的透气性，第一位推销员随手拿起一只袜子，说：'来帮帮忙，拿住袜子一端，使劲儿拉。'说着，他就和一位顾客对拉起来，袜子的韧性的确很好。然后他又随手拿起一根长长的针，在拉得绷直的袜子上来回划动，袜子也没有损伤，说：'看一看，这种袜子不易抽丝。'紧接着他又拿起打火机，在袜子下面轻快晃动，火苗穿过袜子，而袜子也未受到损伤。"

"在他一番介绍之后，袜子在顾客手中传看。一位顾客有意地拿起针，只是一划就在袜子上划了一个洞，原来袜子并不是划不破而是顺着它的纹理划不易划破罢了。另一位顾客要用打火机烧，急得推销

员赶忙补充说：'袜子并不是烧不着，我只是证明它的透气性好。'

"最后大家终于明白怎么回事，袜子的质量没有的说，但当时的气氛明显地影响了顾客的消费情绪。"

有这么一句话：

"水满了要漫，话满了要翻。"

故事中推销员犯的错误就是把话说得太满了，结果"圆不回来"，失去了顾客的信任。

在工作中有些人也会犯这样的毛病，觉得既然产品质量好，那我稍微夸张一点形容也没什么；或是觉得这件任务我能完成，那我说得十拿九稳也不算是过分；或是觉得这个人我比较了解，那推荐他去做什么事的时候把他夸得非常好，也是人之常情。

但凡事都没有绝对，不是所有的事情都会百分之百按照你的意愿发展。万一出现意外情况怎么办？

比如，你把自己的产品说得天花乱坠，但偏偏你给客户送去的样品出了问题，这时候你再怎么解释，客户也会觉得你是在欺骗他；你拍着胸脯保证十拿九稳的事情，在执行的过程中出现了意想不到的因素，导致无法完成，下次领导就不敢把重要的事情交给你；你夸得千好万好的人，偏偏在做这件事时能力不足，接受你推荐的人可能觉得你很不负责任。

事情总是会有难以预计的变化，所以我们在说的时候千万要给自己留有余地。

（二）留有余地又能更好地完成，更能给人惊喜

刘亚楼将军，是参加过长征的老红军干部，也是中华人民共和国成立后中国人民解放军首任空军司令。他骁勇善战，但是又有着谦虚

谨慎的一面。

在天津战役发起之前，毛泽东和中央军委考虑用 3 天解决战斗，平津战役总前委书记林彪则限定 48 小时。

刘亚楼表示，只要 30 小时就可以拿下天津。当时林彪、罗荣桓都说："军中无戏言。"

如果是一般人，可能为了表示自己的胸有成竹和请战决心，就会一口咬定能在 30 小时内完成战斗。可是刘亚楼却说："请按 3 天上报，但我保证 30 小时打下天津。"

最终，刘亚楼将军率领东野大军以 29 小时攻克天津。

刘亚楼将军明明可以在 30 小时内完成任务，他为什么还让按 3 天上报呢？是他对自己没信心吗？

其实这正表现了他讲话的艺术，既表明自己的信心和决心，又为战斗中可能产生的变化留有余地。

我们在工作中，易犯的是上述推销员那样的错误，难做到的却是刘亚楼将军这样的谨慎。

我们常说"十分话只说八分满"，为什么要留两分？为的是在出现意外状况的时候，能够让自己进退自如，有回旋的余地。

所以，一个最好的执行者应该记住这样一个原则：

劲儿一定要照十分使，但话有时可以只说八分。

一个人，假如能说到做到，而且能按时按质按量完成任务，已经能让人满意了。如果能比答应的做得更好，自然更能给人惊喜。

第二章　换种说话方式，执行柳暗花明

很多时候，执行之所以做不下去，不是别的，而是我们说话的方式出了问题。

有时候，说话的方式不对，就会激发矛盾，使本来可以做成的事情做不成；

反过来，原本很难的事，因为换了一种说话方式，一下子就能打破僵局，让不可能完成的任务变成完全可能。

说话方式不同，执行的效果也大不一样。

一、改"嗯、啊……"为积极互动。

二、改"知道了"为"好的，谢谢！"。

三、改"我认为"为"你怎么想？"。

一、改"嗯、啊……"为积极互动

积极互动体现出的是执行的决心。执行决心越强烈，解决问题的可能性就越大。

我和很多企业老总交流过，他们都谈到有一种下属特别让人不喜欢，那就是：当你给他布置任务的时候，他要么低着头看都不看你，要么在本子上闷头记，或者手里还在做别的事情。你布置完了，他"嗯、啊……"两声，以此来回应你。

这样一来，你心里老在打鼓，不知道他有没有听到你的话，弄没弄明白到底让他做什么。

这样的做法，其实就是在沟通中缺乏积极互动。

一个优秀的执行者，会在说话的时候删掉"嗯、啊……"这样的词，并尽量用"保证做到"取而代之！

别看只是几个字的改变，但它所传达的信息却完全不一样：前者给人的感觉含糊其词、似是而非、漫不经心，甚至根本不当回事；而后者的答复是肯定的，不仅给人承诺，也给人信心！

当我们以"嗯、啊……"来做回答的时候，实际上是在潜意识里给自己留后路：反正我也没明确说行，到时打点折扣也没关系！

而当我们说"保证完成"的时候，实际上就是不给自己找任何借口。有了这样的心态，那么无论多难都一定会想办法完成。

（一）一流的执行者总以承诺体现决心

享誉海内外的老字号——同仁堂之所以能够历经300多年而不衰，很重要的一点就是优质的服务，对待客户的要求，他们总是"保证做到！"

一天，同仁堂大栅栏店的工作人员接到一个电话，询问店里是否有铁落花卖。

工作人员有点纳闷，因为这种药很少见，也不常用，一般药店是不出售的。

还没来得及回答，对方就急切地恳求工作人员无论如何也要帮帮忙，因为他的女儿得了一种怪病，必须要用铁落花入药。之前他已经给很多家药店打过电话了，但都说没有。所以他把全部的希望都寄托在同仁堂上。

救人要紧，来不及多想，工作人员答应他一定会想办法。

但当顾客说出所需铁落花的数量——5斤时，工作人员还是吃了一惊：这样的药本来就很罕见，还要那么多，一下子到哪里去找。

换了其他人，可能马上就会打退堂鼓，随便找个理由推掉了。

但这位工作人员却没有这样做，而是二话不说答应了顾客的要求，并一再请顾客放心，保证没问题。

放下电话，工作人员立即开始联系原料、仓库储存部门等有关人员，只要有铁落花的都要求他们第一时间发货……

第二天，顾客坐飞机从杭州来到北京，当工作人员把分量足够的铁落花交到他手里的时候，他都不知道说什么好，而更让他感动的是，多少人上上下下为此奔波忙碌而得来的这一包珍贵的药，总共才10元钱。

我相信，能找到铁落花的肯定不止同仁堂一家，但为什么顾客的要求在别的药店都遭到了拒绝？

或许接到电话，很多人首先掂量的是"难不难"以及"合算不合算"：既然这种药很难找，加上价钱又那么低，搭上找药的人工费，别说赚不了钱，还得倒贴才行。这样吃亏的事情，谁干？

这样一想，自然就会拒绝：

"啊，这很难，如果您要的数量少或许还能想想办法，要那么多，肯定不行。"

"嗯，这个确实不好办，不如您打电话去别的药店问问！"

如果要找，我们可以找出太多理由为自己开脱。

但同仁堂工作人员的做法却告诉我们一个简单的道理：

只要下决心去做，事情哪有那么难！

绝大多数时候，我们所谓的"做不了""办不到"，不过是在为自己想偷懒、不想付出努力找借口而已。

当我们首先从语言上开始改变，不给自己留后路，同时落实到行动中，就会发现，不管看起来多难的事，也都可以"做得了""办得到"。

（二）如果拿不准或有问题，采取温和且更有效的方式提出

我们强调一流的执行者以承诺体现决心。在执行的时候，有条件的要做到，没有条件的创造条件也要做到。但这并非要你为承诺而承诺，更不是要你像前面指出的那样因为轻诺寡信而误事，而是你要坦诚地表达自己的看法与顾虑。

当然，在具体的表现方式上，可以更加温和一些，智慧一些。

这也是一种积极的互动，是一种对执行、对工作负责的表现。

第一，拿不准的时候，给自己留出回旋的时间。

无论是面对领导、客户还是合作者的问题，就算不知道，也不要直接说出来，你可以这样回答："这一点我现在也不是特别清楚，我一会马上问一下，您看我在两点以前答复您，行吗？"

直接说"不知道"，会让对方觉得你是在推托，或者对他的事情不在乎，甚至是能力有问题。不如给自己留个时间，弄清楚问明白之后，给对方一个满意的答案。

第二，有不同意见，以"与此同时"代替"但是"。

这是让你采取更巧妙的方式提出不同意见。

如果有困难和问题，或者你的观点与领导或其他人的不一样，许多人的做法就是直接提出"但是"。

这样做的结果，往往给人"针尖对麦芒"的感觉，十分容易引起对方的反感与抵触。这时候，你不妨改善一下方式，去掉"但是"，用"与此同时"来替代，比如，你可以这样说：

"我觉得您刚才提出的观点很好，体现在如下这些方面……与此同时，不知道您是否考虑到了这一因素……"

这种说话的方式，实际上是先认可他人，再给他人提供参考意见的方式，更容易让人接受。

二、改"知道了"为"好的，谢谢！"

这是以有关礼节体现出对人的尊重。越能以这样的方式体现出对人的尊重，越能解决问题。

（一）别把缺乏礼节当成"有个性"

在执行的过程中，有一些人不懂得礼节的重要。他们很多时候，把缺乏礼节当成有个性，实际上不仅对工作不利，而且还会给自己带来意想不到的阻力。

假设这样一个情景：

老总告诉秘书：

"我已经把要给客户的文件发到你邮箱里了，你打印出来，给客户传真过去。"

秘书回答说：

"知道了。"

接着就去忙自己的事情了。

你觉得秘书的回答有问题吗？或许你觉得没有什么不妥，而实际上，可能我们在接到一项任务的时候，通常也会这么回答。

但是，这样的用词其实并不妥当，可能是某些年轻的员工受韩剧的影响，把"知道了"作为习惯性的回答语言。但是在中国，往往长辈对晚辈、上级对下级或者平辈之间才会这样说。

如果你是对上级或者客户这么说，给人的感觉就会生硬、不耐烦，甚至有点高高在上。

这时候，不如换种方式回答：

"好的，谢谢您！我马上就做！"

尽管这只是一个小细节，但却非常体现一个人的职业素养。

一个最好的执行者，不仅做事要漂亮，说话用词同样也要漂亮，无论说什么，都会让人觉得很舒服，心情愉悦、如沐春风。

比如，老总给两位下属同时发送了一封邮件，很快收到了他们的回信。

小张写的是："知道了。"

小李写的是："马总，您好！您交代的事情我明白了，做完之后我会立即告诉您！祝您工作顺利。"

谁的回复方式更让人喜欢，大家一看就明白。

另外，还有一些常识性的礼貌问题，比如，在给领导、前辈或者客户发短信息的时候，最后一个回复信息的应该是自己。

举一个一位老总向我讲述的很小的例子：

有一次，他带助理到外地出差，晚上 10 点左右，他突然想起一件事情要交代，于是就给公司里的一个部下发了个短消息。她很快就回复了，表示自己知道这件事情了。

接到她的短消息之后，他又给她发了一条短消息：

"今天你也很辛苦，早点休息。"

接到消息之后，她再没有给他回复。

老总心中颇为失望。

其实，当领导对你表示关心的时候，不管是不是出于客套，在礼节上都应该表示感谢和尊重，回复一句："谢谢。您也很辛苦，也早点休息。"

这样一来，感觉是不是就完全不一样？

不要小看这些细节，它能直接反映出一个人的素养，做事得不得体，是不是很自我，同时也能看出一个人的思维方式，能不能换位思考，有没有全局意识。

把这些细节都做到位了，那么自然就会给人以良好的印象，做什么事情，都会更加顺利。

（二）一些需要注意的礼貌做法

礼貌用语是礼节的体现。在工作和执行过程中，还有如下一些礼貌的做法，值得在说话时注意：

第一，想得到支持，学会赞美并诚恳请求。

想要得到领导和前辈的支持，在谈话的时候，就可多提一些领导或前辈做过的有成就的事情，并适当提出向他们学习的请求。

可以这么说："您经验丰富，这么有成就，一定有很多体会吧？

能向我传授传授吗？"

这样就能让他们感到自己的成果受到尊重，会更容易传授一些经验给你。何乐而不为呢？

第二，做事有失误时，多谈谈自己采取了什么措施补救。

如果在执行中出现了失误，千万不要找这种那种理由，把责任都推到别人的身上，觉得很委屈和无辜，也不要只是一味地认错，你可以这样说："是我一时疏忽，不过我马上采取了 4 条补救措施，第一……"

这样，让对方看到你的诚意，觉得你不是不负责任，而是在尽自己最大的努力补救，确实想把事情做好。那么即使真的有一些差错，也不会过于较真和追究。

第三，受到批评时，诚恳地承认错误。

谁都难免会犯错误，犯错误其实并没什么，怕的就是死不承认，还要找出各种理由为自己申辩和开脱。其实，越申辩结果就越糟糕。

如果是领导，就会觉得：这个人怎么会这样？错了居然还能振振有词，那以后安排他工作，他还会用心做好吗？

如果是合作方，就会想：万一以后合作出了什么问题，他是不是全都要赖我？还是尽早不要合作了吧！

如果真的是自己错了，那么接受批评的时候，最好的方式莫过于一边微笑，一边点头，并且诚恳地说："我的确做得不对，下次一定改正。"

第四，要有团队意识，学会放低自己，抬高别人。

在做某个项目的时候，即使你的贡献最大，也不要因此过分突出自己，抢尽风头，不妨这么说："关键是小刘的方案做得好，我只不过是把那些想法加以落实而已，如果没有他，我也做不了这么好。"

三、改"我认为"为"你怎么想？"

这就是说，在表达意见的时候，要避免"我说你听"，而是重视互动，尤其要表示出自己格外重视并尊重别人的意见。

很多时候，矛盾的产生，都来自于过于强调自我，开口闭口就是"我认为"。

而要得到别人的认可、支持，就应该多问一下别人的具体想法。让别人把想法说出来，不仅是对别人的尊重，还可以了解对方的真正想法，避免自己理解上的偏差。

这就需要改变以往我们说话的方式，就算是觉得自己再有理，在谈"我认为"之前，也要先问问别人："你怎么想？"

（一）在发表自己的意见前，先询问对方的想法

在这方面，我们不妨学习改革开放总设计师邓小平。尽管身处高职，但是他说话时常常是从对方角度出发。

《跟邓小平学领导方法》一书中，讲述了一个让人很难忘的故事：

1946 年，邓小平任职晋冀鲁豫野战军政治委员，很多时候，他要给战士们做思想工作。

一天，正在开首长会议。门外来了一名战士，因为怕打扰首长开会，他一直站在门外。

参谋长看到了这名战士，而且认出他是自己从部队前线选拔到司令部工作的张生华，就把他叫了进来，并问他有什么事。

张生华吞吞吐吐地说，自己想回原来的部队工作。

一听这话，参谋长不禁有点冒火，别人有这样的机会高兴还来不及，

他倒好，还想着要回去。

于是参谋长很严厉地问他："难道在司令部工作不好吗？"

一听参谋长这么说，张生华连头都不敢抬了，什么话都没有说。

这时候，政委邓小平走了过来，和蔼地拍了拍张生华的肩膀，说等开完会，让他来找自己。

会议结束后，张生华果真来了。邓小平并没有急着说什么，而是先问他为什么要回去工作。

一问之后，才知道张生华产生这样的想法是有原因的：一来在大机关工作，他担心自己不能胜任；二来他怕到司令部之后，就失去学习打仗的机会。

这时候，邓小平还是没有谈自己的看法和意见，而是鼓励他继续说下去，并问他为什么认为在司令部就没有学习打仗的机会？

张生华就把自己的"速胜论"痛痛快快地讲给了邓小平听。他分析了当前的战争形势，并根据自己的分析认为，国民党很快就会投降了，到时候，就不需要拿枪打仗，自己自然就没有机会学习打仗了。

邓小平耐心地听完了张生华的"演讲"，针对他的想法一一作答："战争的胜利是要靠很多因素的……不能盲目乐观，贪图速胜，你说是不是？"

张生华听完邓小平的话，立即站起身，敬了个礼，很有力量地回答："是。"

邓小平让他坐下，又说："你要服从组织安排，执行命令是第一，小张同志，你说是不是？"

听着和蔼可亲的政委的话，张生华终于想通了，高兴地答应了工作的调整。

应该说，在面对张生华要离开的这一问题时，参谋长的观点并没有什么不对。但是，他这样不听别人的意见，就直接去指责下级，往往就使人难以心服口服，即使下级一时服从了，心中也有疙瘩，弄不好还会在工作中惹出一些不必要的麻烦来。

但是，作为领导的邓小平，却没有那样做，而是先问别人是怎么想的，然后再分析说理。

我们很多人愿意用"我以为"作为开场白，不听别人是怎么想的就把自己的意见统统说出来，结果反倒达不到想要的效果。

最好的执行者会经常问别人怎么想的，先听听别人的心声，然后再发表自己的想法，这样就会减少很多矛盾，有利于工作向前推进。

（二）"山不过来，我就过去。"

在书上看过一个非常有意思的故事：

有人找到一位自称会移山大法的大师，想让他当众表演一下。

大师答应了，他先在山前坐了一会儿，然后起身跑到山的另一面，接着宣布表演结束，移山成功。

看着满脸疑惑的众人，大师说了这样一番话：

"世上根本没有什么移山大法，唯一的方法就是：山不过来，我就过去。"

这其实是讲述了一种智慧："要改变它，先适应它。"

这让我想起另外一个类似的故事。

有位推销装帧图案的业务员，好几次向一家大公司推销都遭到了拒绝："你的图案缺乏创新，对不起……"

在一次次打击下，他几乎失去了再登这家公司大门的勇气。但一个偶然的机会，他接受了一次销售技巧培训，于是决定再试试。

但这次他带去的，不是已经做好的图案，而是未完成的草图。

见到这家公司的主管后，他恳切地说：

"我这里有一些未完成的草图，您是专家，希望您在百忙之中给我指点一下。"

主管一听，不好拒绝，于是翻了翻草图，给他提了几条建议。

几天以后，业务员带着根据主管的建议修改好的图案，又一次找到了他。结果，这一次，他成功地将这批装帧图案全部推销给了这家公司。

之后，他又用同样的方法，向很多公司成功地推销了自己的装帧图案。

这位业务员运用的其实就是"山不过来，我就过去"的智慧。

刚开始，他总想别人顺应自己的想法，推销自然就失败。但当他主动去适应别人、了解别人的需求时，反而得到了别人的认可，一直向他紧闭的门轻易就打开了。

这就如同前面所说的"移山大师"一样，知道山不可能移动时，就移动自己，懂得绕行，不仅是一种智慧，有时也是穿越阻力的捷径。

第三章 学会"三思而后言"

我们都说做事不能盲动，要经过再三思考，然后行动，也就是"三思而后行"。

其实，说话的时候，同样也要"三思而后言"。

说还是不说，先说什么，后说什么，什么话该说，什么话不该说，都有讲究，都要分场合。

管好自己的嘴巴，以结果思维来决定如何说话，的确是一种大智慧。

一、说，还是不说？

二、先说什么，后说什么？

三、说话的分寸是什么？

四、直接说，还是"曲线"说？

一、说，还是不说

可能很多人会想，说话还有什么讲究，想说什么就说什么不挺好的嘛，显得直率。说句话还得琢磨再三，那多累啊！

可你想过没有，说出去的话就像泼出去的水，是收不回来的。图一时的口舌之快，由此造成不良的影响，再想弥补就难了。

与其等到事后去后悔，不如事先想明白。

那么，到底什么话该说，什么话不该说呢？

我们可以把握这样几个原则。

（一）为私利时不该说，为集体利益应该说

为自己的私利，不应该开口，但如果为了组织的利益，要给集体争取某些好的条件，那么大胆要求就十分必要了。

在热播的电视剧《我的兄弟叫顺溜》中，有这样一个难忘的细节：

主人公顺溜的枪法极好。在一次战斗中，部队给每个人发了一把枪、20 发子弹，他也不例外。

但他觉得，20 发子弹对自己来说太少了。他很想多消灭一些敌人，怎么办呢？如果向上级提出多要子弹的要求，很可能会遭到拒绝，可是不提出自己的想法，又不可能多得到子弹，达到多消灭敌人的目的。

思前想后，最终他还是决定把自己的想法说出来。

于是他向连长提出：把另外两个战士的枪和子弹给他用。

连长一听，顿时大发雷霆：

"都给你了，他们做什么？"

顺溜很自信地说："他们帮我装子弹就行，我一定能百发百中。"

这样的想法在别人眼里是很荒谬的，凭什么要多给你子弹呢？很多战士不服气，连长也没有答应。

但这时司令员来了，看到顺溜很真诚的样子，司令员竟然答应说："给他 50 发子弹，如果不够，就再给。"

结果，顺溜按照自己说的那样，百发百中，不仅成了消灭敌人最多的人，同时也为这场战斗的胜利起到关键性的作用。

如果换了我们是顺溜，可能很多人都会选择不说：都给那么多，凭什么我就要求"特殊待遇"？就算我的枪法不错，别人也没有那么差啊，无非是少打中几个。我把自己夸得百发百中，别人看起来好像我就是要出风头。

可能在当时，枪法好一些的人都会觉得 20 发子弹根本不够用，可是，大家认为多加子弹的要求不可能实现，也有人会觉得多要子弹显得自私，所以不敢要。

只有顺溜提出了这样的要求，他想到的不是自己，而是多要子弹可以消灭更多的敌人，为了集体利益，应该开口。

在工作中也一样，私人的利益，尽量不要说，而为了集体的利益，该说的时候就要像顺溜那样大胆地说。

（二）有适度展示自己机会的时候，应该说

很多人都有这样一种理念：我只要踏踏实实地做好自己的事情就可以，至于付出的辛苦和努力，别人一定能够看得见。

但问题是，你不说，别人怎么知道，怎么就看得见？

所以，我们要有这样的观念：要做事，并且让人看得见。

比如，你刚刚完成了一项很艰巨的工作，这时候也不妨简单提一

下工作中的不易，比如，可以这样说：

"为了完成任务，我们部门的人都很努力，连续加了两个通宵的班，小王甚至连孩子生病住院都没顾得上回家看看。"

尽管只是短短两句话，但却让领导体会到了这项工作背后的艰辛，印象分自然也就增加了。

另外，在汇报时也要时时体现出自己的想法和智慧，比如，类似的话："本来我想采用以前的老办法，但还是觉得可以试试其他的方法，尝试之后发现不仅节省了时间，而且成本也比以前降低了将近一半。如果您认为合适，我觉得不妨在其他部门也试着推行。"

这样一来，就会让领导觉得你很有想法，印象分自然又会增加。

当然，有一点需要特别注意，那就是推销自己的时候，一是要适度，二是要建立在事实的基础上，绝对不是夸夸其谈，否则就会适得其反。

（三）有利于工作的话多说，不利于工作的话少说或不说

假设你和领导一起去谈合作，会议的第一项议程是由你介绍公司的情况，你张口就说：

"我们公司尽管已成立 5 年，但和同行们相比，起步还是比较晚，规模也不大，人员素质参差不齐，经验上也有很多不足的地方……"

就算你说的全是事实，但坐在一旁的领导会怎么想，合作方又会怎么看？

领导怕是如坐针毡，觉得颜面扫地。而合作方则会想：照这么看来，这家公司可能哪方面都不行啊，合作的事，还是趁早免谈。

在这样的场合下说这些话显然是不合适的，我们并不需要夸夸其谈，但也要懂得一个最基本的原则：

不管什么时候，有利于工作的话一定要多说，不利于工作的话要

少说和不说。

否则，效果就会适得其反。

二、先说什么，后说什么

可能有人会问，说话还要分先后和顺序吗？当然要分。

很多时候，同样的内容，如果采取不同的顺序来说，效果会大不一样。

著名作家刘墉在《世说心语》一书中有一篇文章，题目是"颠三倒四害死人"，里面写了这样一个故事：

一位老板，下午去开会，才回公司，就听见一个职员匆匆忙忙跑来："不得了啦！不得了啦！我们的东西出问题了，因为手续少办一项，被压在海关上不了飞机。"

老板听到这儿，因为血压高，差点晕倒。

哪知道那位职员继续说："幸亏我跑去找关系，把手续补办好了，东西及时上了飞机，现在应该已经到了。"

如果你是那位老板，有这样的员工，你会不会觉得他讲话很没有水平，甚至可恨？

不要觉得好笑，在工作中，我们多的是这样的人，每次说话都是长篇大论，啰唆半天也说不到点子上。说的人还挺得意，听的人却早已失去了耐心。

所以，我们在说话时，一定要懂得整理好顺序，明白先说什么，后说什么。

那么，到底什么该先说，什么该后说呢？

我们可以重点在下面四点努力。

（一）别人关心的事情先说

就像上述案例，老板最关心的是货到底有没有及时运出去，那就要第一时间让老板放心。

为了达到这一效果，就要掌握一个原则：

先说结果，再描述过程。

我们再来看一个例子。看过《列宁在 1918》这部电影的人，可能都记得这样一个细节：

瓦西里是列宁的忠诚卫士，有一次奉命去运输粮食，任务非常紧急而艰巨。瓦西里回来后，列宁问他："粮食运回来了吗？"

瓦西里回答说："运来了，一共 90 车皮。"

假如瓦西里是这么回答的：

"报告领袖，这次任务实在是太艰巨了，先是遇到……然后又发生了……接着又碰见了……"

这就是先说过程，再谈结果，啰唆了半天也没说粮食到底运回来没有，你会不会跟他急？

这时候，列宁最关心的是粮食运来了没有，一共有多少。这时候就要像瓦西里这样，立即告诉他："运来了，一共 90 车皮。"

这就是先说结果。

先把别人关心的结果说出来，有时间的话，再说过程。这是一个执行者应该记住的次序。

（二）重要的事情放到前面说

按重点来排列说话的先后顺序，是一个优秀执行者的基本功。为什么这么说？我们可以想想，一个人假如连什么是重点都搞不清楚，哪些应该先做，哪些应该后做都不知道，那么执行的时候怎么可能到位！

其实，很多知名企业对培养员工这方面的素养要求都很严格，例如，皇明太阳能集团有限公司的老总黄鸣经常对下属采用这样的方式：他会在别人没有任何准备的情况下，突然询问下属现在重要的事情是什么，并且要求下属马上按照从最重要到次要的顺序告诉他。

汇报没有主次之分的下属，说明平时在工作中的思路也是混乱的；而主次分明的下属，他总会给予更多的指导和重点培养。

采用这样的方式，也能培养在日常工作中抓重点的能力。

（三）缓和气氛的话先说，不同意见的话后说

举一个最简单的例子，假如，你对合作方在某件事情上有不满，你不能上来就说："跟你们这样的人合作简直是倒霉透了，催了那么多遍你们都不交货，以后再也不跟你们合作了。"

本来对方心里还有点愧疚，这样一来，索性破罐子破摔，再拖几天算了，反正下次也不合作了。

说的时候是挺痛快，但结果是不仅解决不了问题，反而让双方的矛盾激化了。

如果换一种方式，先说："以前我们合作一直挺愉快，我相信这次你们延迟交货，肯定也有自己的原因。但你也知道，延迟交货就意味着给我们双方带来损失，按照合同规定，你们的损失可能会更大一些。但我想总有办法可以解决，你看能不能安排你们的工人加加班，这两天把货赶出来？"

相信这样一来，对方肯定会全力以赴把事情做完。两相比较，是不是第二种效果更好一些？

（四）分"一、二、三"说

为了避免"眉毛胡子一把抓"，我们不妨学会分一、二、三来说。比如，我们在汇报的时候，可以这样说：

"今天我汇报的内容一共有三点，分别是：第一……"

这样说得井井有条，听的人也会听得很清楚。

三、说话的分寸是什么

说话要有分寸，也就是说话要注意身份、场合，把握好说话的"火候"，话不能不够力度，也不能说过头。

最好的执行者都知道：说话要恰到好处，超出分寸的话会让人反感，达不到分寸的话会阻碍表达的意思。只有把握好分寸，才能达到最好的效果。

（一）求人，也要以让人觉得舒服的方式进行

曾任中国国际航空公司的空中乘务员、国际乘务长，并在国航最佳空姐评选中获得"金冠小姐"称号的纪亚飞，在她所著的《空姐说礼仪》一书中，谈到了这样一件事：

一次，她在飞行中为旅客准备餐食时，不慎将一份刚装好的盒饭摔在了地上。因为旅客的餐食都是事先按照旅客的人数配备好，这样

一来，就意味着有一位旅客吃不上饭。这可怎么办？

唯一的解决方法是找一位旅客帮忙，说服对方不吃米饭。但是找谁好呢？如果贸然向别人求助，万一遭到拒绝，将会是非常难堪，而且很可能会引起一连串的拒绝，甚至会引起旅客的不满和愤怒。

但纪亚飞并不慌乱，因为她知道，有一位旅客可以帮助她。

多年空中的服务经验，让纪亚飞养成了随时"阅读"他人的习惯。从在机舱和一位乘客简短地互致问候的过程中，她就能大致判断出对方的年龄、修养、职业和性格等。

在登机的时候，她注意到有一位客人处处显得彬彬有礼，在没有入座之前，他按照要求侧身站在狭窄的过道中，以方便别的旅客通行，在放行李的时候，他把自己的手提包竖放在行李箱内，以便给别人让出更多的空间。同时，当旁边一位女士放行李的时候，他很自然地伸手帮忙。

这些细微的动作都表明他是一位很绅士、也愿意帮助别人的人。

经过深思之后，纪亚飞决定向这位旅客寻求帮助。她走到这位旅客身边，非常有礼貌地说出了自己的请求。

听完之后，旅客并没有说同意还是不同意，而是问她：

"你为什么选择了我？"

纪亚飞回答说：

"其实，提出这样一个要求，我也是难于启齿的，毕竟这是一个不合理的要求，我不希望自己的请求被拒绝，所以，必须选择一位有修养的人来帮我，那么即使他不同意也不会使我难堪，而我看得出您是一位善良、乐于助人的绅士，我有信心您会给予我帮助。"

"是吗，你是怎么看出来的？"对方笑着问。

于是纪亚飞把自己观察到的说了出来，并且强调说：

"这些行为足够说明您的人格魅力，这一切也是让我感到钦佩的。"

接着，纪亚飞又说：

"飞机上的乘客大多是旅行团的，他们也许一下飞机就要开始旅游，并没有机会再去用餐，如果让他们饿着肚子去旅游，我真的会很自责。"

"可是，我下飞机也有很重要的事情啊。"对方说。

"选择您帮忙还有一个重要原因，因为您看上去是一位经常乘坐飞机的客人，如果是一位初次乘坐飞机的人，我就不能请求他，也许他会因此不再乘坐飞机，第一次飞行经历将是他关于飞机的全部回忆，我不能那么残忍，因此，只能寻求一位经常坐飞机的人来帮助我。"

就这样，乘客答应了纪亚飞的请求，当然，纪亚飞也没有让他饿肚子，而是给他准备了点心和热奶茶。下飞机的时候，纪亚飞再次向他致谢，他告诉纪亚飞，奶茶很好喝。

就这样，一个棘手的问题被解决了。

看了这个案例，你是不是也觉得纪亚飞说话很有艺术，换了你是那位乘客，是不是也会心情愉悦地接受她的请求？

自始至终，她说话的分寸都拿捏得非常好，请人帮忙，还让人感到非常舒服。而且她在赞美和夸奖对方的时候，并不是一味地乱夸，而是合情合理，夸到了点子上。如果我们在工作中，也这样细心地、有分寸地与人说话，是不是更容易得到支持呢？

（二）警惕"过犹不及"

所谓"分寸"，就是不要"过"，因为"过犹不及"。

小路在一家美容院办了年卡，并买了一套美白产品，一次，她去做美容，发现美容院换了新店长，新店长非常热情，在小路做美容的时候一直在旁边陪着聊天，劝说她买一套新进的产品。

面对店长的推销，大多数人首先都有拒绝的想法，很少有人会痛快地答应。

小路也一样，她说："我现在这套产品才买了不久，还没用完，如果买新的不是浪费吗？等这套产品用完了再说吧。"

这时，小路已经在心里盘算以前的产品还能用多长时间，是不是需要再准备一些了，没想到店长的一句话彻底打消了她的念头，店长笑着说："反正买了也是你用嘛。再说了，我刚来这家店，你怎么也得给我点面子啊。"

小路一句话也没说，只是觉得浑身不自在。她不仅没有买对方推荐的产品，当年卡用完之后，就再也不去那家店了。

为什么已经有心要买产品的小路，最后放弃了这个念头？就是因为店长说话没有把握好分寸。

小路听到店长说给她一个面子，就会想：我们只是第一次见面，凭什么要给你面子？如果是很熟悉的朋友，这样说就没有什么了。

假如店长这样说就会好一些："您现在用的产品还有多少，如果已经快用完了，正好再买一些，如果还有很多，就准备着，毕竟产品是优惠的……"

工作中，很多人说话都不注意分寸，会让对方感到不舒服，有时说话不够"火候"，会令人感到冷淡，有时说话过了头，就像上面的店长，就会引起别人的反感。

所以，说话的时候一定要拿捏好分寸，让人听着舒服，并从内心里接受，这样无论做什么事情，都会达到最好的效果。

四、直接说，还是"曲线"说

很多人都喜欢直话直说。这样好不好？这得具体分析。

（一）警惕直接说的危害性，学会委婉表示意见

如果事情火烧眉毛、十万火急，再不说就会造成很大的损失，那当然不能绕弯子，而要直接说。

但是，如果事情并不紧急，尤其是直接说可能会伤到别人自尊、让人接受不了的时候，那么"曲线"说的效果当然更好。

我们可以设想一下，假如一位医生对他的病人这么说：

"经我们诊断，你的病已经无药可治了，最多还能活三个月，我看你不如早点回家去等着。"

那病人会是什么感受？这样的医生，就算他医术再高明，也算不上是一个好医生。

同样的道理，假如我们辛辛苦苦写出的报告，同事看了一眼说：

"你这都写的什么呀，乱七八糟，牛头不对马嘴，我看你还是别交给客户，否则也会被退回来。"

就算是事实，别人这么直接指出你的不足，你心里是不是也会很不舒服！但是，假如他能换一种比较委婉的说法：

"你的报告写得很精练，内容要是再丰富一些那就更好了，你可以试试在这里加一条……在那里加一点……相信客户一定会更满意。"

对于这样的建议，你是不是也很乐意接受！

就算是真话、实话，在很多时候，也完全可以换一种别人乐于接受的方式说。

小张刚刚到一家房地产公司做预算员。一天，领导让她写个方案。

她很快就把方案做好交给领导，但领导只是大致地翻看了一下，并没有对方案做任何评价。

回到座位上的小张忐忑不安，不知道方案到底行不行。

这时，一位经验丰富的老同事走了过来，对她说：

"经理让我看了一下你的方案，整体来说不错，只是还有一些小问题，经理叫我帮你修改一下。"

一句话说得小张暖洋洋的，心里不仅有对领导的感激，更升起一股一定要把工作做好的决心。

我们可以想想，假如领导看完方案后，直接就对小张说不行，那么对于一个新入职的员工来说，打击会有多么大，可能自信心一下子就没有了。但领导的做法，不仅维护了小张的自尊心，同时也让小张感受到了领导对她的关心和帮助，自然就会在工作的时候更加努力。

（二）不必直接灌输，可以侧面引导

在执行过程中，我们要得到别人的支持，但是如果别人难以接受自己的观点，或者别人的思想还没有转弯，怎么办？如果采取压制或灌输的方式，可能达不到应有的效果。

这时，我们不要这样直接说，不妨换一种从侧面逐步引导的方式，可能会达到更好的效果。

全国政协原主席李瑞环，在担任基层干部时，采取故事案例的方式去引导团队成员，就是很好的做法。

在他担任"木工青年突击队"队长的时候，有一次比赛中，他发现情况有些变化，就想让队员停下来，重新制订计划，但大家都舍不得放手，坚持要继续干，结果一天下来，任务完成得并不理想。

该怎么说服大家呢？

这时候机会来了。那天，他们正好组织观看一场国际篮球比赛，比赛打得非常激烈，快结束的时候，双方打成了平局。眼看比赛只剩下最后 6 秒钟了，这时候中国队突然喊了暂停。

大家都觉得很难理解，不就 6 秒钟了吗，赶紧打完就算了，还暂停什么啊？

但李瑞环却想，肯定是中国队的指导员看出什么门道，所以要调整战术。果然，经过重新调整后，中国队在最后 6 秒钟进了一个球，赢得了比赛的胜利。

于是李瑞环当时借机说法，对突击队员们说："大家看到了，这个暂停叫得多好，不管什么时候，为了前进而暂时后退，才能取得最终的胜利。"

一番话说得大家连连点头，从那以后，如果生产中遇到什么情况需要调整时，大家都听李瑞环的指挥，并且积极想办法调整。而李瑞环带领的突击队，在 1958 年的 70 多次大小比赛中，都拿了冠军。

在这件事上遇到问题，李瑞环没有直接下命令"我们应该怎样怎样"，更没有说"不这样就不行"，而是用身边的、活生生的案例去教育队员们，让他们自己从中悟出道理，达到了改变大家思想、统一意见的目的。

这样的做法，和用生硬的命令强迫别人去执行，效果是不一样的。

第四章 学习周总理的说话智慧

周恩来总理是20世纪最伟大的政治家之一，也是最优秀的执行者之一。

周总理的执行能力，不仅体现在如何做事和如何做人等方面，同时也体现在他了不起的说话智慧方面。

向周总理学习讲话智慧，不仅能让我们在各种场合应付自如，更主要的是，可以帮助我们解决在执行中遇到的一些难以解决的问题，让执行无往而不利。

一、讲最合"时宜"又最有影响力的话。

二、讲最能为人接受的话。

三、讲最圆通的话。

四、讲最机智的话。

一、讲最合"时宜"又最有影响力的话

说话一定要"适宜"，也就是要在合适的时间、合适的地点，说合适的话，而且是最具影响力的话。这样的效果，往往是事半功倍的。

（一）针对不同的人，讲最合"时宜"又最有影响力的话

在胡长明所著的《大智周恩来》等书和有关报道中，讲述了许多有关周恩来总理机智说话的故事。下面我们将分步引述，先看一段他如何讲最合"时宜"又最具影响力的话。

有这样一段叙述：

国共内战爆发之后，国统区中共组织的宣传策略如何，显得非常重要。尤其是谁争取到数量庞大的中间派，谁就能取得优势地位压倒对方。

所以，宣传口号就显得至关重要。周恩来认为，中共在国统区的宣传口号必须要做到中间派能够接受。

那么，什么样的口号最能打动和争取中间派呢？经过对当时形势的综合分析，研究得出，一是"反饥饿"，一是"反内战"。

吃饭问题是中间派最关心的问题。当时国民党统治区正面临着很严重的财政危机，物价高涨，很多人吃不上饭。所以"反饥饿""要吃饭"最得人心，最容易鼓动群众的斗争情绪。而这也是国民党政府最头痛的问题，因为群众的要求他们无法满足。这样一来，又会使群众的不满情绪激化。把斗争范围转移到经济问题上来，是中国共产党动摇国民党后方最见效的一招。

而"反内战"的口号之所以能争取到中间派，是因为当时经过8

年抗日战争，人人都渴望过安宁的生活，讨厌战争，加上生存没有保障，所以"反内战"的呼声日趋高涨。

这就是在最适宜的时候讲最有影响力的话，一下子就赢得了中间派的心。

反过来，我们可以想想，如果在当时的情况下，提出"打倒国民党"的口号，会是什么结局？本来大家就已经对战争深恶痛绝，现在又提出打仗，而且是共产党率先提出来，那么中间派就会把"内战"的责任归咎于中共，效果适得其反。

（二）根据不断发展的形势，讲最合时宜又最有影响力的话

在内战全面爆发之后，共产党的宣传口号是"武装自卫"，过了一年之后，口号变成了"全国大反攻，打倒蒋介石"。事实上，中共中央一开始就很有信心打败国民党，但为什么开始的口号比较保守，没有直接提出"全国大反攻，打倒蒋介石"呢？

根据周总理的想法，刚开始只提"武装自卫"，而不直接提"打倒蒋介石"的口号，是因为当时的主观条件还不具备。蒋介石号称四百万军队，一下子不容易打倒。当时"国民党和共产党，谁也打不垮谁"的说法很流行。一旦打起来，有很多人会以为谁都战胜不了谁。如果直接喊出"打倒蒋介石"的口号，他们不会相信，不会接受。

不仅如此，如果一开始就提出"打倒蒋介石"，那么他就会反过来说共产党要打他、进攻他。如果把自卫口号变成进攻口号，那么就成为国共两方面都要进攻，就抵消了。而说自卫，就是要抵制他的进攻。

经过一年自卫战争，证明了蒋介石的军队会失败。而这时候，再提出"打倒蒋介石"的口号，人民就能够接受了。

从上述故事可以看出，讲话要有好的效果，也必须根据客观发展

的形势来具体分析。时机不成熟，就要把握讲话的分寸。形势变了，说话的方式和内容也会跟着改变。

二、讲最能为人接受的话

讲最能为人接受的话，也是最吸引人的话。把话说得动听，才能博得听话者的兴趣。

工作中，我们常常人云亦云，喋喋不休，即便是有人提出好的想法，想必也没有人耐心听下去。围绕对方感兴趣的话题展开，精练的话语引人入胜才能为人接受。这才是最好的执行者确保执行到位的说话方式。

（一）要影响别人，就要采用别人容易听懂和接受的语言

很多时候，我们要说服别人，但是，因为职业、文化、国情等多方面的差异，往往不知道如何去完成任务。

这时候，就不能死板固化，抱着原来熟悉的方式不放，而要尽量去了解对方，并以别人容易听很懂和接受的语言去表达。

1954 年，周恩来率团参加了日内瓦会议，这是中国作为五大国之一，第一次出席重要的国际会议，因此，格外引人注目，这也是周总理塑造中国外交形象的重要机会。

当时，参加会议的新闻记者有近千名。为了让外国记者了解中国的情况，周总理专门设立了一个新闻办公室，并且事先让有关部门编写了介绍中国的有关材料。

为了让外国媒体更多地了解中国，周总理让工作人员举行了灵活多样的活动，包括举行小型宴会、冷餐招待会等，并且还特意为外国记者举行了电影招待会，其中的一部影片是根据越剧《梁山伯与祝英台》编拍的彩色戏曲片《梁祝哀史》。

为了了解大家的反应，代表团新闻办主任熊向晖安排影片先在旅馆试映。放映没多久，人就一个个走掉了，原因是看不懂。也是，那里面的唱词，连中国人都不一定听得明白，何况是外国人。

这可怎么办？于是熊向晖先将剧名翻译成了英文，叫《梁与祝的悲剧》，同时请懂越剧的人将主要内容和唱段写成了十五六页说明书，准备翻译成英文。

当他将试映和准备翻译的情况汇报给周总理的时候，却被周总理否定了：这么长的说明书，谁看？我要是记者，我就不看。

接着，周总理给熊向晖出了个主意，在请柬上写上这样一句话：

请您欣赏一部彩色歌剧电影——中国的"罗密欧与朱丽叶"。

并且在放映之前，做一个三分钟的剧情介绍，介绍力求诗意，带点悲剧气氛，引人入胜。

结果这样的请柬一发出去，立即就引起了大家强烈的兴趣，放映的时候，座无虚席，不仅如此，过道上也挤满了人，最后连站的地方都没有了。大家都被影片的剧情和优美的旋律深深打动了，看到化蝶的时候，很多人都流下了眼泪。

看完影片之后，一位外国记者感慨到：中国在朝鲜战争和"土地革命"期间还能拍出这样的片子，说明中国的稳定。

为什么一句唱词都听不懂，大家还能看得如痴如醉？因为一句"中国的'罗密欧与朱丽叶'"，立即让来观看的记者明白影片讲的是什么，然后再加上几分钟精要的英文详解，观众自然有兴趣看下去。即便听不懂也没有关系。因为在心中有了定位，有了理解，所以即使只是优美的音乐也一样能打动人心。

周恩来总理的做法，就是采用了别人容易理解和接受的概念。

在工作和执行任务的过程中，有时可能还存在必须改变别人偏见的问题。此时，学习周恩来总理的这种方式，同样能起到很好的效果。

2001年，美国一架侦察机未经允许在中国海南岛东南海域上空活动，为此，中方两架军用飞机对其进行了跟踪监视。

当中方飞机在海南岛正常飞行时，美机突然转向中方飞机，其机头和左翼与中方一架飞机相撞，致使中方飞机坠毁，飞行员王伟失踪。

此后，美机又未经允许降落在海南岛陵水机场，中方只好暂时扣留美机。

在事情还未弄清楚之前，美军太平洋司令部就片面地将责任推给了中方，要求中方立即释放被扣留的24名美军机组人员，总统小布什也接连讲话，态度强硬地要求中方尽快释放机组人员。并且美方拒绝道歉，中美关系立即变得紧张起来。

在这样的形势之下，身处第一线的中国外交官的应变能力就显得非常重要。

时任中国驻美国特命全权大使的杨洁篪在接受CNN采访时，用通俗浅显的道理，表明了这一事件的是非曲直。他举了一个例子：

"就拿美国举例来说，假如有一个家庭，一所房子，一个前院，有一伙人总是在这家门前的街上开着车徘徊，不到你的前院，但就是日日夜夜、月月年年地在靠近前院的地方开来开去，家里有人出来查看，结果家人的车子被毁，人也失踪了。我认为，家人有权问到底发生了什么？做一些检查和调查。如果这种道理可以成立的话，我想美国人民能够做出非常公正的判断，到底该怪罪谁，至少你应该说声'对不起'

吧。车也毁了，人也失踪了，可对方只是说，事情就是这么发生的。"

节目播出后，民意调查显示，赞同美国政府向中国道歉者的比例大幅度增加，由最初的不足20%猛增到后来的50%以上。

杨洁篪用他的智慧改变了美国人因撞机事件对中国的偏见，也"向世界证明了他的外交能力"。

迫于中方和美国民意的压力，4月8日，美国国务卿鲍威尔终于承认美军侦察机侵犯中国领土，并对此表示"抱歉"。

4月11日，美国驻华大使普理赫向中国外交部部长唐家璇递交了致歉信。

一场危机，最终被圆满地化解了。

由于多方面表现出色，杨洁篪后来升任中国外交部长。

假设一下，如果让我们来处理这次事件，面对CNN的镜头，我们会怎样说？

很多人可能会极力阐述真相，证明自己有调查的权力，美方有道歉的义务。这样说或许会有一部分美国民众接受，但效果肯定会大打折扣。

但是，杨洁篪用一个巧妙的比喻，就让美国人对有关事件的性质，有了更好的理解。这样的说话艺术，是不是更加有效呢？

执行工作时，要想确保执行到位，就要以他人容易理解和接受的概念、现象、事例等作为切入点来说话，这样才能达到有效影响他人的效果。

三、讲最圆通的话

要想执行圆满就要说话圆通，圆通就是外圆内方，有方法、有技巧地说话，不仅能够点到为止，而且恰到好处。

一般执行者常常说话太绝对，或是欠缺考虑，就会导致不能自圆其说，或者失言中伤他人，最主要的还会影响执行效率。

而最好的执行者却会注意说话方式，话语圆通，既要表达目的，又能留有余地。

那怎样才能讲话圆通，既留有余地又恰到好处呢？

（一）让原则性与灵活性有机统一

1935 年，红四方面军领导人张国焘，反对中共中央关于红军北上抗日的决定，走右倾分裂主义路线，为了铲除异己，把四方面军变成绝对忠诚自己的部队，他心狠手辣地杀死了很多革命同志。

由于四方面军根基很深，而且部队官兵众多，所以中央一时还没办法有效控制住张国焘独掌权力、残害战友的局势。

周恩来的战友廖承志最后也没有逃过张国焘的"魔爪"，被监禁起来，随时都有可能被杀害。正好四方面军向甘肃进军，周总理便一路打听廖承志和其他被监禁的同志的消息。

最后，廖承志在路上遇到了周恩来，当时心里非常激动，他和周恩来已经十年没有见面了，很想直接和周恩来打招呼，但是现在由于身份特殊，如果打了招呼可能会给周恩来带去麻烦，如果不打招呼，自己就会失去一次被解救的好机会。

正当他犹豫不决的时候，周恩来看着被押送的廖承志，面无表情地走了过来，廖承志看到老战友，还以为周恩来会亲热地与他聊起来，没想到周恩来只是跟廖承志握了握手就离开了。

　　当天下午，周恩来就将廖承志叫去了司令部，张国焘也在。张国焘看见廖承志来司令部，立即敏感起来，试探性地问："你们早就认识吗？"周恩来知道他是在明知故问，没有直接回答他，而是严厉地问廖承志："你认识到错误没有？""认识得透彻不透彻？""以后改不改？"廖承志全都做出了肯定的回答。"改了就是好同志！张主席还是欢迎你的。"周恩来机智地将张国焘的嘴堵了起来。

　　周恩来就留下廖承志吃饭，吃饭的时候，周恩来没有理睬廖承志，只是和张国焘聊天。周恩来又叫来战友询问一番，仍不理睬廖承志。没想到第二天，廖承志就被释放了。现在我们会想，当时已是中共中央军委副主席的周恩来为什么想救战友还要如此费尽周折呢？

　　对待张国焘这种人，如果当时周恩来采取强硬措施的话，也许他表面会顺从，但在内心恐怕会有强烈的敌对情绪，搞不好会对廖承志极为不利。周恩来没用硬攻，而是巧取，他在谈话间维护了张国焘的地位与虚荣心，先让廖承志承认自己的错误，并答应会痛改前非，这样张国焘还有什么必要除掉廖承志呢？自然会放过廖承志。

　　对于这样的人，硬着来是不行的，只能说圆通的话，打消对方的顾虑，也给对方保留面子，让对方更容易接受，以达到目的。

四、讲最机智的话

　　在执行过程中，遇到复杂的情况，如果说话不得体，就有可能费力不讨好，或者带来很不好的效果。

这时如果有机智灵敏的回答，就能快速化解一些尴尬的局面，解决难解的问题，并产生"四两拨千斤"的效果。

我们都知道周恩来总理是杰出的外交家，在外交场合，说话从来都是滴水不漏，他在外交史上的机智应答更是让人们津津乐道，活泼风趣的话语让他在面对记者时应答自如，也从未在外交中有过失误。

在周恩来身上我们看到了他话语中透露出的机智和从容。

（一）当遭到讥讽时，抓住对方痛处并巧妙地反驳

20 世纪 50 年代，周恩来接受采访，一位美国记者在和周恩来谈话时发现他的办公桌上有一支派克牌钢笔，便带着一丝讥刺的意思，得意扬扬地问：

"总理阁下，原来您也钟爱我们国家的钢笔？"

周恩来一听之后，立即风趣地回答说："这是我的一个朝鲜朋友送我的，他说：'这是美国军队在板门店的投降仪式上签字用过的，你留个纪念吧。'我觉得这笔很有历史意义，就留下了这支贵国生产的钢笔。"

美国记者听到这话之后，脸变得通红，无言以对。

面对别人的讥讽，我们如果言辞过激容易激发矛盾，不予理睬也不太合适，这样执行不仅达不到目的，反而会阻碍工作的顺利进行。

只有机智应对，抓对方痛处反驳，才不会导致矛盾过激影响执行，也能给自己挣回面子。

（二）当对方不了解用意时，机智躲避忌讳区，简单明了地说明情况

一次，周恩来在中南海设宴招待外国来宾。为了尽显礼仪之邦的风采，招待外国来宾的菜品花样繁多，口味鲜美，让客人们赞不绝口。这时，端上一道汤品，汤里面放了冬笋、蘑菇、红菜等，为了达到色香味俱全的效果，厨师们也是下了一番功夫，还将冬笋片用民族图案的样子雕刻一番，成了一个"卐"字，但是在端上的汤品里却翻身变成了酷似德国法西斯纳粹的标志。

外国来宾一看，顿时有点摸不着头脑，吃惊地看着周恩来。周恩来也没有遇到过这样的事情，但他灵机一动，泰然自若地解释道："这不是法西斯的标志，而是我国传统图案，叫'万'，象征着'福寿延年'，是对客人的良好祝愿！"

外宾们立即表示感谢，周恩来接着又说：

"就算是法西斯标志也没有关系，我们一起来消灭法西斯，把它吃掉吧。"

一句话说完，外宾们哈哈大笑，立即缓和了尴尬的气氛。

当别人不明白用意时，直接说出来就会有损对方的面子，如果多做解释，一番长话之后，反而更让人怀疑。倒不如像周恩来对待外宾那样，简单明了地说明"万"字在中国的寓意，也巧妙回避了大家对法西斯的敏感。

（三）当遭到对方挑衅时，从话语漏洞入手，并拿最有力的例子加以反驳

20 世纪 60 年代，周恩来总理与印度谈判关于中印边界的问题，这个问题涉及两个国家的领域。周恩来睿智地回答了印方提出的一个挑衅问题。印方问："西藏自古就是中国的领土吗？"周恩来说："西藏自古就是中国的领土，远的不说，至少在元代，它已经是中国的领土。"

印方人员笑着说：

"时间太短了。"

周恩来机智地反驳说："中国的元代离现在已有700多年的历史，如果700多年都被认为是时间短的话，那么美国于公元1776年建国到现在只有100多年的历史，是不是美国就不能成为一个国家呢？这显然是荒谬的。"

周恩来的反问让印方哑口无言。

当对方挑衅地提出问题，是无法躲闪的，只能用机智的反应、说机智的话反驳对方。就像印方人员挑衅问西藏是否属于中国时，对于肯定的答案表示质疑，周恩来正好抓住他对中国历史的无知，运用美国的建国历史反驳了印方的挑衅。

所谓"外交无小事"。一句话如果说不到位就会导致两个国家产生误会，甚至会有更严重的后果。但是，周恩来总理采取这样的说话方式，就达到了既合情合理，又维护国家尊严和利益的效果。

实际上，不仅是外交场合，执行者在其他一些场合，如谈判、宣传推广场合，都有可能出现类似周恩来总理所遇到的情景。

我们在执行中既要尽可能达到自己的目标，同时又要考虑到方方面面的因素，以获得圆满的结局。

向周恩来总理学习机智的说话，就可能让我们达到最理想的境界。

（本书毕。欢迎阅读《中层管理者核心能力建设丛书》的另外两本《做最好的干部（升级版）》《做最好的中层（升级版）》。）